U0525722

创新创业教育译丛

杨晓慧 王占仁 主编

研究生创业教育

〔澳〕科林·琼斯 著

王占仁 译

汪 溢 吴 瑕 校
武晓哲 常飒飒

商务印书馆
创于1897 The Commercial Press

2016年·北京

TEACHING ENTREPRENEURSHIP TO POSTGRADUATES

Copyright © Colin Jones 2013

This edition arranged with Edward Elgar Publishing Limited

through Big Apple Agency, Inc., Labuan, Malaysia.

All rights reserved.

中译丛书序言

高校深入开展创新创业教育对于提高高等教育质量、促进学生全面发展、推动毕业生就业创业、服务创新型国家建设发挥了重要作用。高校创新创业教育的基本定位是培养创新创业型人才，造就"大众创业、万众创新"的生力军。为了切实提高创新创业型人才培养质量，就要把创新创业教育真正融入高校人才培养全过程，以培养创新创业型人才为核心目标，以把握创新创业型人才成长规律为基本依据，以创新创业型人才培养质量为主要评价标准，在创新创业型人才培养视域下规划和推进高校创新创业教育。

培养创新创业型人才是国家实施创新驱动发展战略、促进经济提质增效升级的迫切需要。在创新型国家建设的新形势下，国家对创新创业教育有了新的期待，希望创新创业教育能够培养冲击传统经济结构、带动经济结构调整的人才，这样的人才就是大批的创新创业型人才，以此来支撑从"人力资源大国"到"人力资源强国"的跨越。

培养创新创业型人才是世界高等教育发展的必然趋势。创新驱动的实质是人才驱动，国家需要的创新创业型人才，主要依靠高等教育来培养。但现有的高等教育体制机制还不足以满足创新型人才培养的需要，必须要进行深入改革。这种改革不是局部调整，而是系统革新。这恰好需要高校创新创业教育先行先试，发挥示范引领作用，以带动高等教育的整体转型。

培养创新创业型人才是高校创新创业教育当前所处历史方位的必然要求。我们要清醒地认识到高校创新创业教育当前所处的发展阶段，以及将来能够发挥什么作用。当前，高校创新创业教育已经在大胆尝试和创新中完成了从无到有的初级目标，关于未来发展就是要看它能为对它有所期待、有所需要的国家、社会、高等教育和广大学生创造何种新价值。国内外创业教育的实践都充分表明，高校创业教育的核心价值是提升人们的创新意识、创业精神和创业能力，即培养创新创业型人才。这是高校创新创业教育能够有所作为并且必须有所作为的关键之处。

在我国深化高等学校创新创业教育改革的同时，世界范围内的很多国家也在大力发展创新创业教育。这其中有创新创业教育起步较早的国家和地区，已经形成了"早发内生型"的创新创业教育模式，如美国的创新创业教育。也有起步较晚的国家和地区，形成的"后发外生型"的创新创业教育模式也值得学习和借鉴，如欧盟的创新创业教育。因此，我们需要从中国创新创业教育的发展逻辑和迫切需要出发，进行国际比较研究。创新创业教育的国际比较面临着夯实理论基础、创新研究范式、整合研究力量等艰巨任务，其中一个非常重要的前提性、基础性的工作就是加强学术资源开发，特别是要拥有世界上创新创业教育相关理论和实践的第一手资料，这就需要开展深入细致的文献翻译工作。目前围绕国外创新创业教育理论及实践，学界虽不乏翻译力作，但成规模、成系统的译丛还不多见，难以满足创新创业教育的长远发展需要。

正是从创新创业教育的时代背景和学科立场出发，我们精选国外创新创业教育相关领域具有权威性、代表性、前沿性的力作，推出了具有很高研究价值与应用价值的系列翻译作品——《创新创业教育译丛》（以下简称"译丛"）。译丛主要面向创新创业教育领域的研究者，帮助其开阔研究视野，了解全世界创新创业教育的发展现状；面向教育主管部门的决策者、中小学及高校从事创新创业教育的工作者，帮助其丰富教育方法，实现理论认知水平与教育水平的双重提升；面向创新创业教育专业及其他专业的本科生与研究生，在学习内容和学习方法上为其提供导向性支持，使之具备更广阔的专业视角和更完善的知识结构，从而为自我创业打下坚实的基础并能应对不断出现的种种挑战。

基于以上考虑，译丛的定位是体现权威性、代表性和前沿性。权威性体现在译丛选取与我国创新创业教育相关性大、国际学术界反响好的学术著作进行译介。既有国外相关领域知名专家学者的扛鼎力作，也有创业经历丰富、观点新颖的学术新秀的代表性著作。代表性体现在译丛选取了在全球创新创业教育领域位居前列的美国、芬兰、英国、澳大利亚和新加坡等国家，着重介绍了创新创业教育在各国的教学理念、教育模式、发展现状，有力展现了创新创业教育理论研究与实践探索的最新现实状况及前沿发展趋势。前沿性体现在译丛主体选取了自2000年以来的研究专著，确保入选书目是国外最新的研究力作。在研究主题上，入选书目聚焦了近年来学界集中关注的热点难点问题，紧扣我国创新创业教育发展的重大问题，把握国外创新创业教育理论与实践的最新动态，为深化创新创业教育改革提供前沿性理论支撑和实践引导。

译丛精选了十二本专著，计划分批翻译出版，将陆续与广大读者见面。它们分别是《本科生创业教育》《研究生创业教育》《创业教育与培训》《创业教育：美国、英国和芬兰的争论》《创新与创业教育》《创业教育评估》《国际创业教育》《广谱式创业生态系统发展》《广谱式创业教育》《创业教育研究（卷一）》《创业教育研究（卷二）》和《创业教育研究（卷三）》。

译丛坚持"以我为主、学习借鉴、交流对话"的基本原则，旨在丰富我国创新创业教育在国外译著、理论研究与实践探索等方面的学术资源，实现译著系列在学科定位、理论旨趣以及国别覆盖上的多重创新，为推动学术交流和深度对话提供有力支撑。

杨晓慧

2015年12月25日

作者中文版序言

本书被翻译成中文出版，我对此深感荣幸。教育者可以帮助很多成年学生以及正在创业的创业者进一步提高能力，这令我尤为激动。为了满足这种需求，教育者面临着很多挑战。本书第一版得以公开发行后，在接下来的几年里，我和很多教育者又就书中的观点进行了讨论。大家非常支持我提出的观点，这让我倍感欣慰。

脚下的方寸土地都在发生着改变，社会中越来越多的学生和受雇者都必须寻找到创业方案来维持并提高自己的生活质量。本书就是为那些陪伴在研究生身边的教育者而著的，旨在帮助学生更好地了解自己以及身处的世界。成人学习者是特殊的学生群体，他们带来了现实生活中的经验和已有的生活方式。而这两个问题是普遍存在的并影响着所有的教育工作者。

我鼓励你们允许自己的学生相互学习并引领整个课堂的学习进程。要让他们去质疑自己的假设，发掘可以支撑这些假设的更深层次的证据。作为教育者，我们在和成年学习者一起学习的时候，其实也提升了整个课堂学习的效率。这并不简单，但比起在学生的学习经历中当主角，我们会获得更为显著的成果。支持知识共享，你也就促进了创业智慧的累积。最重要的是，让学生少对你提出要求，你要多向他们提出要求。

科林·琼斯

戴维·西德尼·琼斯

1938—2013

致我敬爱的父亲

目 录

图……………………………………………………………… ix
卷首语……………………………………………………… xi
导论………………………………………………………… xiii

第一部分　问题范围界定

第一章　教学理念………………………………………… 2
第二章　初期创业和发展中的成年人…………………… 15
第三章　环境造成的困境………………………………… 27

第二部分　学生的本质

第四章　受束缚的冒险者………………………………… 40
第五章　发掘学生经验…………………………………… 49
第六章　扩展的学习环境………………………………… 61
第七章　资源配置………………………………………… 68

第三部分　创业能力培养

第八章　以不同的眼光看世界 …………………………… 76
第九章　信念和知识 …………………………………… 105
第十章　创意与创业计划 ……………………………… 120
第十一章　联系行动 …………………………………… 133

第四部分　成为社区中的领导者

第十二章　你不是一个人在战斗 ……………………… 150

附录 ……………………………………………………… 161
参考文献 ………………………………………………… 164
译后记 …………………………………………………… 174

图

1-1 创业教育学科教学知识（PCK）框架图　7

2-1 塔斯马尼亚大学（UTAS）研究生学习动机分类　20

4-1 毕业生类型　45

7-1 资源库比较　69

8-1 创意　77

8-2 学生和创意之间的对话关系　78

8-3 创意的合法性　80

8-4 外部环境　82

8-5 选择性环境和生态环境　83

8-6 演化方法　85

8-7 价值创造的过程　90

8-8 相互作用类型　92

8-9 战略定位　94

8-10 能值分析　97

8-11 其他能值来源　99

10-1 情境学习圈　131

卷首语

作为从事创业教育的工作者，我们时常面对的挑战是寻找新颖且创新的教学方法，使学生轻松地理解创业现象，并将其应用到日常生活中去。我们的学生并非是单一质群体，他们在很多方面（如教育背景、年龄、国籍和专业经验等）都有所不同。

科林·琼斯的第一部著作《本科生创业教育》(Teaching Entrepreneurship to Undergraduates)大获成功。如今，他又出版了《研究生创业教育》(Teaching Entrepreneurship to Postgraduates)一书。作为第一部著作的姊妹篇，该书叙述生动，思路清晰，旨在应对上述挑战。科林·琼斯作为创业者和创业教育工作者的多年经验使他能够采用独特的、针对研究生（而非本科生）的方式进行研究。他认为，教育工作者应该将研究生自身的多样性和其丰富的生活经历有效地融入到学习过程中。他强调与学生合作的互动教学方式和给予学生获得个人学习经历的空间的重要性。这种自由、开放式的学习环境或许能够提供改变创业机会的可能性。因此，行动导向创业中的行动与创业关系网中的互动是我们需要考虑的核心问题。在进行研究生创业教育时，创业教育工作者应该成为促进者而不是教育者。但是，由于一劳永逸的策略并不存在，所以该书的十二个篇章旨在激发读者思考研究生创业教育的特性。如此一来，大家可能会找到培养并且完善自身教学理念的出发点。

科林·琼斯将世界著名创业教育者的经历融入到这本著作的各个章

节中。对希望从多角度了解研究生创业教育前沿信息的读者而言，这本著作具有启发性，值得一读。

克里斯蒂娜·沃尔克曼博士、教授
伍伯塔尔大学熊彼特商业与经济学院

导 论

把我最近的作品《本科生创业教育》(Teaching Entrepreneurship to Undergraduates)(Jones, 2011)看作这本书的学界前奏,恐怕有点太过大胆。更准确地说,就像是一直沿着路的左侧行走,是时候明智地返回至出发点,同样是沿着同一个方向前进,但这次却是沿着路的右侧行走。我预测这次路程也同样会为大家创造许多"反思机会"(reflective opportunity)。我认为我们将面临的最大挑战是如何充分地发觉和欣赏研究生们已在忙碌的生活中展现出来的创业行为。对于教育者而言,最大的挑战是认识到每一个人都有成为创业者的能力,而不仅仅是培养著名的企业家。

诺贝尔和平奖(Nobel Peace Prize)得主、小额信贷(micro finance)先驱穆罕默德·尤努斯(Muhammad Yunus)因其"我们其实都是创业者"的言论而获得了广泛赞誉。他认为早期人类作为穴居人(cave dwellers)时,便是自己寻找食物养活自己。随着文明的不断演变,我们逐渐失去这些与生俱来的能力,逐渐变为他人的劳动力。作为劳动力的我们,已经忘记了自己曾经的创业者身份,忘记了自己有能力解决与自身生存相关的一切难题。

姑且不谈从原始的角度定义创业要表达的潜在内涵,因为这其中的道理已经很明显了,即我们生来就都拥有创业的能力。我发现成年人参与创业的行为和热爱社会这种行为之间有相似之处。一方面,热爱社会这种行为的挑战在于很难估量热爱的程度且(或)鼓励人们维系对社会的爱。我们只能说自己无时无刻都在热爱着社会。除此之外,我们无法言之凿凿。同样地,尽管创业行为始终存在于社会中,但仍披着神秘的面纱。因此，本书旨在考虑教育工作者在教授研究生创业教育中面临的机遇和挑战。针对研究生的创业教育方方面面都要比本科生创业教育更深一层。

尽管这本书的创作背景是高等教育领域，但我有意将有独特人生经历的成年学生（在其特定和独立的个体生命中）看作学习者。我关注的并不只是帮助不同年龄的学生（multiple cohorts），使其更具创业精神，更是如何使每一位学生理解生活及其限制、机会，以及召唤其"内在洞穴人"（inner caveperson）的过程。

我在写作《本科生创业教育》的过程中学会了如何进一步欣赏和理解创业教育的多元化背景，因此在起笔写作本书时才能更明智。在与世界各地的创业教育工作者以及学生交谈和互动过后，我意识到自己有义务传播在这其中获得的知识回报（intellectual debt）。我过去担心整个创业教育群体的教学是否合理，但这种合理性已经在我个人的教学实践（in my own backyard）中得到了证实，同时这也更加让我意识到我们在促进学生发展的过程中体现出的教学水平是多么薄弱。这本书和《本科生创业教育》的背景差异（contextual differences）源自本科生和研究生的不同。我们必须始终牢记单一的选择模式（也就是最佳的规范教学）是行不通的，因此自然要提高创业教育教与学的复杂度。正如我在其他著作中所说的（Jones and Matlay, 2011），这种复杂度正是创业教育的独特之处。然而，由于这种教学多样性与背景环境（contextual environment）紧密相关，因而我们每个人都有能力对此加以阐明。这就是写作本书的目的，即让你能够理解学生的多样性需求，并调整教学方法以满足他们的需求。

本书的写作动机是提供一个与《本科生创业教育》有所区别的姊妹篇。第一本书旨在推行以学习者为中心的教学法，以便思考如何教授本科生创业教育。而这本书旨在明确研究生创业教育和本科生创业教育的思维差异。因此，两本书保留了相同的结构，但也注意到了研究生和本科生创业教育中，学习动机和学习过程之间存在的细微却又重要的差异。我希望这本书在持续讨论挑战性问题和其可能的解决办法时，也保持着独特性和创新性，并且以探究问题的方式督促大家反思自己的教学实践。我会再次融合全球创业教育工作者的意见，以便汇总和深入讨论。在此之前，让我们先来看一下本书的章节要览。

章节要览

第一章　教学理念

第一章主要探讨的是教育者的教学理念。与第一本书的主要区别在于，本书考察了进行本科生与研究生教学时教学理念有何差异以及产生差异的原因。我的目的是帮助大家在了解学生志向以及教授创业教育的过程中认识自己。为了实现这个目标，我会在第一章探讨其他教育者的观点，并用几个反思性的问题进行总结，激发大家更深层的思考。我希望你们在阅读本章时做到善于反思，并在阅读全书时不断思考。

第二章　初期创业和发展中的成年人

第二章聚焦初期创业者和成人学习者。本章旨在让成人学习者将创业过程同他们的生活联系起来。他们的创业精神在过去有何体现？他们以后又会具备哪些创业者素质呢？成人学习者与青年学习者有什么不同之处？作为成熟的学习者，他们将会呈现出什么动机？因此，教师的工作重点在于将普通教学法转变为成人教学法。我希望你们能意识到，固定的创业教育课程会削弱我们回应学生不同志向的能力。在本章中，我将再次引入其他教育者的观点，并总结出一系列反思性的问题来激发大家进行更深层次的思考。

第三章　环境造成的困境

第三章探讨的问题是成熟学生会遇到的特殊环境因素。如同蜥蜴会受到自然环境的影响那样，学生的学习也会受到学习环境的影响。我希望可以鼓励你们以全新且振奋人心的方式来看待学生以及师生之间的交流。你所遇见的每个学生都具有不同背景，并且他们已经积累了许多的生活经历。这些原始资料可以给他们提供更多的学习机会，使他们获益良多。因此作为教育者，我们遇到的挑战就是如何最大化地利用学生的个性来唤醒并培养他们的创业潜能。为了成功地应对挑战，你们必须有能力推动学生进行转变性的学习。从本质上来讲，你们必须能够用正确的方式鼓励学生实现有效的转化。我仍会在本章中纳入其他教育者的观点并且总结一系列反思性的问题来激发大家更深层次的思考。

第四章　受束缚的冒险者

第四章探讨的是我们要努力培养的毕业生类型。如果理性冒险者的概念并不适合研究生，那怎样定义才适合呢？我将探讨"受束缚的冒险者"概念，希望借此了解研究生创业所处的现实环境。我并非有意给读者树立一个理想类型毕业生的形象，而是想让大家退后一步思考什么类型的毕业生更适合你的个体情境。同时，本章也会讨论学生多样性和学生学习动机的问题。我将在本章介绍其他教育者的观点并且归纳一些反思性问题供大家进一步思考。

第五章　发掘学生经验

第五章探讨的是学生积累的个体经验，同时进一步阐述如何利用这种经验提高学生群体的学习结果。该论述参考了我在哈佛商学院所做的观察和研究，我将其称为"哈佛因素"（Harvard factor）。与本科生不同，研究生已经具备各种各样的职业经验。通过学习体验，他们可以相互交流并借鉴彼此的职业经验。我想向你提出一个挑战，即请你把班级管理权交给学生，让他们扮演领导者和教育者的角色。我将在本章中引入其他教育者的观点并总结一系列反思性问题，以期激发大家更深层次的思考。

第六章　扩展的学习环境

第六章探讨的是扩展的学习环境的本质。学生来到（或者回到）学校并不是为了得到一张毕业证，而是为了学习。成熟学习者的学习环境是开放性的，认识到这一点将给我们带来许多启示。我希望读者思考使用体验式教学法潜在的挑战，同时也希望读者能够思考学习发生的地点和学生真实的学习行为。我将在本章中再次纳入其他教育者的观点并且总结一系列反思性问题，以激发大家更深层次的思考。

第七章　资源配置

第七章继续讨论《本科生创业教育》一书中提到的学生资源配置问题。除了考虑年龄的局限性，检验学生的信息储备并培养他们具有"已知的已知"意识也颇具挑战性。此外，我还将探讨学生为了获得预期创业行为所需的重要资源，应具备哪些能力。在本章中，我还将介绍其他教育者的观点并且总结一系列反思性问题供大家进行进一步思考。

第八章　以不同的眼光看世界

第八章探讨的是学生对自己所处世界的理解和认识。本章将介绍并讨论环境互动框架。我认为学生给予我们最好的礼物是我们可以"一睹"他们的梦想。但是"接受"这个礼物意味着我们要承担伴随这个礼物而来的巨大责任。如果夸大了学生成功的可能性，可能会造成他们未来的痛苦；然而，如果低估了他们想法的潜在价值，则有可能引发他们对未来的焦虑。虽然我们无法预知未来，但可以肯定的是，我们能够帮助学生走近未来，希望可以让他们对未来有一个更清晰的认识。我将在本章讨论一些其他教育者的观点并总结一系列反思性的问题供大家参考。

第九章　信念和知识

在 20 世纪和 21 世纪，人们发现并利用机遇所需的技能是不同的。因此，本章旨在缩小两种技能的差距。从教育者如何培养学生自信的角度出发，我们将探讨依托互联网的、低成本的创业行为。学生是否有信心抓住这些低成本的机会关系到他们潜在的创业机会。在本章我会详细地说明领先的创业教育者是如何利用科技使学生受益的。

第十章　创意与创业计划

第十章讨论的是对学生创意的评估，帮助他们走出第一步，了解市场、社区和最终用户。本章旨在提出一个非规范性的框架，让学生先行动后计划，而不是先计划后行动。我们将会对没有完成创业计划的益处与完成创业计划的潜在收获进行权衡。学习结果的优先顺序是确定（学习）时间的关键；我们要慎重思考学生的选择。我将在本章讨论其他教育者的观点并且总结许多反思性的问题供大家思考。

第十一章　联系行动

第十一章通过一开始介绍卡洛斯·卡斯塔尼达的《心灵之路》，有意引发大家的思考与争论。我也想知道为什么在我的研究生当中很少有人创业。他们拥有创业的体验，却为何放弃创业？经验告诉我，学生面前的路很多，但他们应该选择或能够走下去的道路却并不多。回到前三章我们详细探讨过的许多问题上，为探讨可持续创业行为奠定坚实的基础，本章将再次引入每个学生的个人特质因素。在本章中，我将与大家分享学生的体会和感受，从而使大家对这些成人学习者有所了解。

第十二章　你不是一个人在战斗

第十二章是关于在面对研究生时，创业教育者目前及未来所面临的挑战。本科生好像被现实的迷雾所包围，而研究生似乎同时在过去、现在和所预见的未来都成功了。许多人寻求的帮助和知识的保存期限都非常短。在指导学生成长时，我们的能力是非常重要的，所以需要非常有天分或者非常懂得满足学生的需要。本章意在回到我个人（教授研究生）所观察到的我们在教学时面对的挑战，就像在整本书中探讨的那样。重要的是，我们应该懂得珍惜，因为每一位教育者的教育实践都不是突然出现的，而是通过多年的反复试错得来的。你们有资格在各自的教学方法中不那么完美。我希望你们享受前方等待着你们的旅途。我提供给你们的想法不是建议，不是任何形式下最好的实践方法，而是一个自我反思的环境。

第一部分

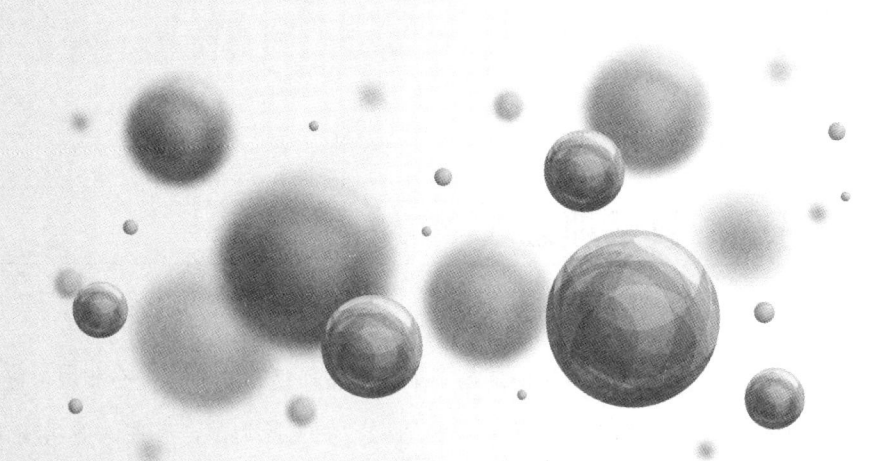

问题范围界定

第一章 教学理念

社会上所有人，无论隶属哪个阶层，即便出生环境完全相同，彼此间的差异也是永存且不可调和的。人的差异迥然，有些人像玛瑙，有些人则如橡木，有些人像石板，有些人则如陶土。因此教育也要因人而异，玛瑙就要打磨抛光；橡木就要风干处理；石板就要劈裂分离；而陶土则要塑模造型。对玛瑙进行风干处理毫无用处；同样，尝试打磨抛光石板也将徒劳无益。（Ruskin, 1917: 198）

我在成人研究生教学问题上的看法和以上引文不谋而合。在从本科生教学转向研究生教学时，我觉得自己仿佛被蒙住双眼，置身于一个多功能影厅里。我对上演影片的内容和体裁一无所知，也不知它何时开始，又将何时结束。相比之下，我的大多数本科生接触创业教育时，他们的动机（开创事业）相似，教育经历几乎相同(遗憾的是他们的学习较为被动）。所以，尽管在所有教学背景下，我都会面对各种差异，但相比较而言，研究生具有更高程度的多样性。对于这点的认识将在本书各章节都有所体现，并且会引导我同一些对本书做出积极贡献的人进行互动和交流。

修正我的教学理念

在《本科生创业教育》（Jones, 2011: 10）一书中，我详尽讨论了自己教学理念的发展历程。为了避免重复该书的内容，在这里我对此书进行简要的评论：我要尽量确保学生可以体验创业者的生活方式，让他们真正做到感同身受（Gibb）；可以在此时此地（here and now）参与学习（Whitehead）；通过一个不断反思的过程（Tyler）培养学生的关键特质，让其能够创造机会获得个体的满足感（Heath）；同时能够感知自己未来的职业方向（Baxter-Magolda）。从本质上讲，我的教学理念的变化是微乎其微的，但用来制定主要目标的工具和过程已经发生了实质性的变化。

我仍然坚信创业者是在社会中被发现的，而不是与生俱来或后天塑造而成。据我观察，与其他学生群体最大的不同之处是，研究生需要他人帮助来认同自己的创业者角色，而这也正是教师作用的中心，那就是要让学生重新界定他们在社会中所处的位置。因此，我（目前）坚持的研究生教学理念是：希望学生可以获得创业知识，进而获得创业智慧；可以在生活中发现自我；对学习保持兴奋度同时无惧失败；能够在学习期间及毕业后创造机会获得自我满足感。听上去很熟悉？没错，这正是我在《本科生创业教育》中阐述过的教学理念。

那么，发生巨大变化的究竟是什么呢？让我们再次回顾《本科生创业教育》中让大家思考的那些反思性问题。首先，你认为学生的学习方式是什么？针对该问题，我发现成人教学法和普通教学法之间存在几点显著不同（Wlodkowski，1999）。一旦给研究生提供了足够的指导，他们往往就不会再依赖教师。研究生更愿意经常把所学到的知识同自身生活经历联系起来。另外，他们更有能力开展课堂讨论，这样其他学生也可以从中获得附加的学习价值。除此以外，研究生通常会更重视那些有潜在价值的知识和技能。从本质上来讲，研究生通常都会很快承认：在解决日常生活中的问题时，自己的知识和技巧储备尚且不足。因此，我发现他们会预先思考在学习中他们可以直接得到哪些收获。

其次，学生对学习产生的潜在影响更加明确。有些研究生重返校园接受高等教育是为了弥补过去错过的受教育机会。但也有很多学生把这段学习经历看作是一种可以改变人生旅程的方法,帮助其在社会中扮演一个全新的(或更主要的)角色。研究生更重视那些能够增加直接价值的知识,而忽略那些不能增加直接价值的知识,因为他们想要重新开启职业生涯,而不是要丰富个人简历。

第三,研究生希望参与一些学习活动来提升自身的能力,能够把学到的知识或技能应用到现实生活中去(Wlodkowski, 1999)。与之相反,本科生更愿意学一些可以应用于今后遥远或全新环境下的知识和技能。

第四,我的许多研究生进入大学校园,需要一个彼此尊重的、社会性较强的空间。这个空间会让他们感到放松,能自然地同以往的生活接轨。在这个空间里,他们关心终身性的学习并乐于表达自己的观点。所以,我希望给本科生所提供的学习环境对研究生来说也是必需的。

最后一点是关于学生学习评价的问题。坦诚来讲,较分数而言,我更关注研究生信心的培养。如果评价能让学生感到自信,使他们能够运用知识和技能去解决问题和抓住机会,那么他们就会对自己的所学感到满意。相反,本科生希望看到评价结果能够转换成高分,以便充实自己的简历。我觉得分数仅能够带来短暂的自信,而来自同伴和自己的评价才能产生持久的自信。自信是创业行为得以发生的重要先决条件,对此,我们应该牢记于心。希望以上的探讨能让大家了解,在教授研究生时,我采用了不同的教学技巧和方法,这使我的教学理念继续保持生命力。

更广义的教学理念

正如之前在《本科生创业教育》(Jones, 2011)中阐述的那样,我想要为大家提供各种机会来反思自己的教学理念是如何对学生学习产生影响的。一直以来,我都希望大家能够从其他创业教育者使用的教学方法中受益,本书将继续分享他们的观点。再次申明,本书更为关注的是教学方法而非教学内容。最近，我偶然在一本书中读到了一段话，书中称赞了查尔斯·桑德斯·皮尔斯（Charles Saunders Peirce）于1898年（Ketner, 1992）在哈佛大学做的一系列讲座，其中引文如下：

> ……并不是那些认为自己无所不知的人才能让他人意识到学习的必要性；只有当人们深感无知的可悲时，才会鞭策自己踏上艰苦的学习之旅。以我愚见，美国教师因采用了一些极好的教学方法而赢得赞誉，但这些方法却似乎收效甚微。在迸发于灵魂深处的学习热情面前，那些所谓方法都不值一提；与此同时，这种学习热情也会感染周围的其他人。

一般来讲，人们很难从任何规定性或规范性的角度来探讨教学理念。对此，我认为上文所引用皮尔斯的话为我们提供了明确的依据。不但教育者之间千差万别，学生也同样如此。从某种意义上来讲，这种多样性给本章的创作带来很大影响；但从另一种意义上也带来不少困难。教师的价值并不取决于其教学天赋或成人教学才能的高低；正如我们所知，好的教育绝不会仅局限于技术层面（Palmer, 1997）。准确来讲，本章的核心就是要重点探讨教师对自己的了解以及如何同各种类型的学生相处。正是通过和学生的这种交流和互动，我们变得更加谦虚，也正是在这种互动中，我们也越来越明确这一点：教师其实没有能力做到面面俱到，满足学生的所有要求。

和一些创业教育者会面并领略他们的智慧让我感到喜悦连连。同样，他们力图把学习的热情传递给其他教育者也让我倍感欣喜。尽管我们不敢声称自己具有这样的学习热情，但在一些与创业教育相关的会议中，我发现创业教育者似乎拥有更高的学习热情，这正是我们和科班出身的商学院教育者的不同之处。这种热情会让我们经常陷入争论，也会影响到学生的学习和自我发展。考虑到教学理念的重要性和我在《本科生创业教育》一书出版后收到的大量反馈，我觉得有必要对这个问题进行更为细致的探讨。另外，我希望本章接下来的内容能够提供一个整体框架，让大家在阅读其他章节时可以通过这个框架来整理思路、深入思考并遵照自己的想法去行事。为此，我会介绍教学法方面的知识（Shulman，1986），以便拓展大家对教学理念和教学实践这一整体机制的理解。

学科教学知识

课程内容与教育者的定位紧密联系。作为教育者，你是否曾对以下问题进行过深入思考：课堂讲解的根据是什么？教学关注点是什么？是否了解学生的学习和（或）是否有能力培养他们对自身能力的信心？再深入一步，作为教育者，你用来传递思想的类比、比喻和故事是从他处借鉴而来，还是出自你的现实生活？除非教育者的教学实践来自于一个真空环境，否则，就可能会存在一种源于自身的生活经历的固有倾向，这一倾向让教育者选择或拒绝进行某些教学实践。

如果把自己想象成学习者，那么作为教师的你能否成为这一学习者的一面镜子？我们很多人的答案都是肯定的，对于这一点我们不该过于惊讶。帕克·帕尔默（Parker Palmer）曾说过："教师必须了解自己才可以教书育人。"（1997：7）所以在此，我要请你们再次回顾自己的根基所在，以便更好地理解自身的倾向，这样才能给自己进行定位。首先，要明确思考的方向。我希望你们能对以下问题加以思考：作为人、学习者以及教师，你们分别扮演了什么角色？接下来，请你们找出自己和自己掌握的创业教育知识之间的联系；了解你和你提供给学生的主要教学内容之间的关系。请找出自己学科教学知识（pedagogical content knowledge，简称 PCK）的定位，也就是面对那些成熟且具有创业精神的学生，你究竟要教给他们哪些具体知识，以及在教授特定内容时采用了哪些教学方法。

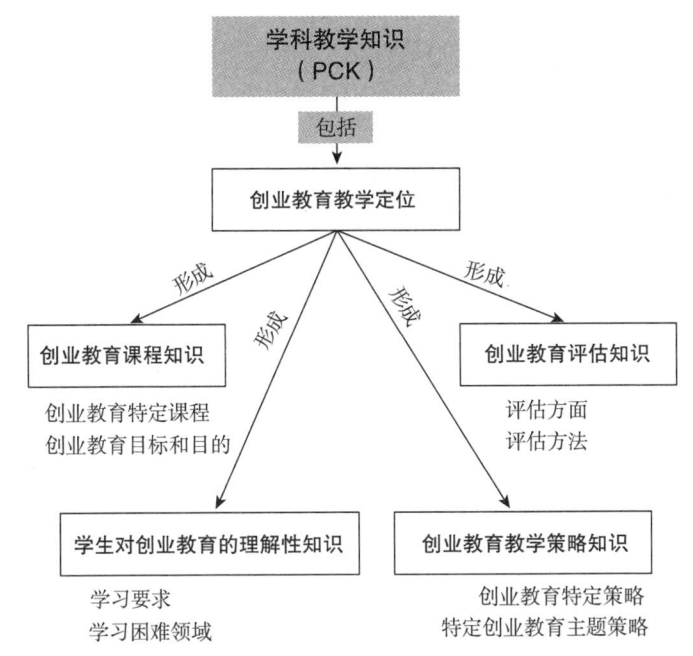

```
                    ┌─────────────┐
                    │ 学科教学知识 │
                    │   （PCK）   │
                    └──────┬──────┘
                         包括
                    ┌──────▼──────┐
                    │创业教育教学定位│
                    └──────┬──────┘
           形成  ┌─────形成─┼─形成─────┐  形成
              ▼          ▼          ▼
       ┌──────────┐             ┌──────────┐
       │创业教育  │             │创业教育  │
       │课程知识  │             │评估知识  │
       └──────────┘             └──────────┘
       创业教育特定课程            评估方面
       创业教育目标和目的          评估方法

       ┌──────────────┐       ┌──────────────┐
       │学生对创业教育 │       │创业教育教学  │
       │的理解性知识  │       │策略知识      │
       └──────────────┘       └──────────────┘
       学习要求                 创业教育特定策略
       学习困难领域             特定创业教育主题策略
```

改编自：马格努森、克拉伊契克和博尔科（Magnusson, Krajcik and Borko，1999）

图 1-1　创业教育学科教学知识（PCK）框架图

我认为马格努森等（Magnusson *et al.*, 1999）关于学科教学知识的界定（参见图 1-1）简单明了并适用于创业教育。这个框架图解释了教育者对创业教育教学的定位以及对创业教育课程知识、学生对创业教育主题的理解性知识、创业教育评估和创业教育教学策略这几方面的理解和看法。我希望对这五个构成要素的简要探讨会对大家的思考有借鉴价值。在最后一章中，我将再次回顾这五个构成要素，让大家有机会就未来的发展形成自己的思考框架。

你的教学定位

你会如何解释自己的教学定位？关于创业教育的发展和教学内容，你具备哪些知识和想法？在第一次给学生授课时，关于这些深层次问题的答案就已然深深地埋藏在你的授课内容当中了。我是美洲土著印第安人的后代，因此，我越来越意识到药轮①（medicine wheel）在本族文化中的重要性，具体来讲也就是他们教育方法的重要性（参见 Klug and Whitfield, 2003）。从祖先那里我学会不断思考，想要在自己的已知事物（直觉）、梦想（启迪）、反思（内省）和必要的检验（单纯）之间找到平衡。作为教育者，在不断自我发展的过程中，我越来越意识到自己对创业教育教学的定位是我过去、现在以及将来的财富。我有信心能够找到这种平衡，并可以与学生分享这种倾向，让他们能够理解我的想法。那么，让我们首先来看一下学科教学知识（PCK）框架的第一个构成要素：如何定位创业教育教学？你内心深处究竟是怎么想的？如何给学生解释你心中的那个"指南针"？

创业教育课程知识

探讨创业教育者所主张的教学目的和教学目标一直是件非常有趣的事情。显然，在进行创业教育开发和授课的过程中，背景是极为重要的（参见 Penaluna, Penaluna and Jones, 2012）。广义上说，我们分散地处于两个阵营之间：有些人认为要教更多的知识，这样才能形成创业思维（enterprising mindset），而另外一些人则更注重创业的过程。一般来说，在这个虚构的连续过程中，课程的背景往往会影响教师的自我定位。之所以说是虚构的，是因为在现实中，如果不对课程的背景进行足够的思考，就无法确定教师的定位。据我所知，英国白金汉大学（University of

---

① 印第安人的一种普遍的信仰。——译者注

Buckingham)的奈杰尔·亚当斯(Nigel Adams)实现了这一平衡。奈杰尔的所有学生在入学的时候就开始明确关注某个可行的商业项目。在现实中,拥有明确的商业项目对创业教育的学生来说并不常见,因此,也就很难实现这种平衡。通常情况下,我们没有过多的时间向学生讲授课程来帮助他们轻松地度过这个虚构的连续性旅途。因此,能够清楚阐明自己的教学目标和教学目的是至关重要的。你的教学方法和课程知识是否遵循或影响当地、本国以及世界范围内的创业教育政策?安迪·佩纳卢纳(Andy Penaluna)(参见 QAA, 2012)在一本新近出版的著作中强调,要能够清晰地在英国背景下界定创业和创业教育的角色和目的,这是非常重要的。

很明显,你需要标注出并捍卫你的"领土"。你制定教学目的和教学目标的理由有哪些?它们是在怎样的背景下形成、借鉴或共同发展起来的?针对创业教育知识和各种课程,你与所有利益相关者进行了哪些交流?最后,也是最重要的一点,如何将这些知识反馈到你当前对创业教育的定位呢?

创业教育评估知识

就你来看,在创业教育中,哪些方面是可以或者应该被评估的呢?从我的经验来看,因为频繁使用体验式教学法,很多与创业教育相关的其他领域的教育工作者会对其加以关注并产生质疑。你掌握创业教育知识的能力、具体应该评估哪些内容及应该(或能够)如何评估都是至关重要的。尽管卢克·皮塔威(Luke Pittaway)教授对此进行了出色的研究,但在创业教育领域中只有少数教育者对评估问题给予了足够的关注(Pittaway and Edwards, 2012; Pittaway, Hannon, Gibb and Thompson, 2009)。

在《本科生创业教育》一书中,艾伦·吉布(Allan Gibb)明确了

44种可用于创业教育的教学方法，这清楚地表明创业教育也可以使用一系列的评估方法。你能意识到正在使用哪种评估方法以及为什么这种方法比其他方法更受欢迎吗？你能说出任何一种评估方法或评估技术的优缺点吗？大多数创业教育带有体验性质，因此，我们要共同构建出一个不断发展且适合创业教育评估方法的知识体系，这一点至关重要。我要再次强调，学科教学知识框架中的评估要素也可能会影响你的整体教学定位。

学生对创业教育的理解性知识

学科教学知识（PCK）框架中的这个要素和你掌握的知识、持有的理念有关，包括关于创业的知识、为了创业而学习的知识和经由创业而学习的知识。很明显，你对教学目标和目的的定位会影响你对这一问题的看法。例如，假设你关注的是培养学生的创业思维，那么，可能就会较少关注会计、金融、市场营销和经济学原理知识的夯实。然而，如果你关注的是实际创业过程，就会有截然相反的要求了。

对很多学生来说，失败、冒险和失去固定收入等主题非常难于理解，所以，这些成为他们学习上的难点。因此，了解哪些内容对某一类成年学习者来说有难度是十分重要的。对于这些主题，我们不能简单假设每个学生都能从始至终轻松应对。例如，对许多学生来说，如何对创业者在社会中的角色进行界定是一个颇具挑战性的主题。正如我们将在下一章中讨论的那样，人是生活的产物，学生都是带着各种各样的生活阅历来到我们身边的。能理解这些差异是一个非常重要的能力，可以使你构建出各种适合该学生群体多样性的学习机会。在此我要重申，如果你发现了学生对于创业教育的理解程度，你的教学定位也可能会发生改变。下面我们进入学科教学知识（PCK）框架中的最后一个要素——教学策略知识。

创业教育教学策略知识

对我个人而言，你掌握的关于创业教育领域的知识是由创业教育（或主题）具体知识以及和主题相关的具体策略知识共同组成的。可以想象，教师（偏好）的主题具体知识会对创业教育的教学定位产生很大的影响。从我个人而言，我首先关注的是每个学生的个体发展，其次才是其创业创意的培养。其他的同行从相反的方向进行教学，其中有些人则利用折中的方法，不过度强调这一虚构连续过程的两极。

在《本科生创业教育》一书中，我们可以看出有很多因素会影响教育者的教学定位。参与调查的教育者只提到少数杰出人物，如吉布（Gibb）、拜格雷夫（Bygrave）和库拉特科（Kuratko），会对他们的方法选择产生直接影响。换句话说，我们所了解的学科领域往往是带有个性化倾向的，通常都来自与自身联系紧密的工作环境。这让教育者有一种潜在的优势，可以按照学生和教学机构的需求来同步改进自己的教学实践。与此同时，这也意味着创业教育的教育者可能对本领域其他优秀的教学实践一无所知。无论是哪种情况，我们都需要关注那些自己视野外的教学实践，这一点非常重要。阿兰·法约尔编了一套非常好的丛书（Fayolle, 2007a; 2007b; 2010），书中探讨了世界范围内从事创业教育的教育者的教学定位和教学实践，给我们提供了极大的启示。但我们不禁要问：我们能真正声称自己了解并理解同行教育者的教学定位和实践吗？实践的多样性对我们来讲究竟是利还是弊呢？

教师在教学中会对不同的主题具体策略给予不同程度的重视。例如，我不太重视创业计划写作，但会更加关注如何去读懂一份创业计划，而许多其他的教育者则与我恰恰相反。然而，从我的经验来看，最重要的是能赋予主题全新的表达，可以为学生提供潜在的价值。从这个意义来看，为了帮助他们形成思维上的转化，教育者通常以故事、类比和范式等形式把自己作为创业者的经验传授给学生。

另外，作为具有创业经验的教育者，我们似乎总是有独到的见解，这使我们能够设计出一些创新性的活动，而这些活动能帮助学生进行深入的体验式学习。我们（与其他领域相比）确实想让学生进行体验式的学习。学生学习风格具有多样性，我认为将这点纳入考虑之中是非常有意义的。不能仅仅假设某个主题只能用某种特殊方法来教授，要允许学习者表达各自不同的兴趣点，这同样是意义非凡的。你知道创业教育这个领域有哪些教学实践？你是否考虑过自己的个人经历在教学方法的选择上存在着哪些偏差和（或）优势？最后，我重申，对学科教学知识（PCK）框架中最后一个要素的定位肯定会影响你的整个教学定位。

全球视野

正如《本科生创业教育》，本书也收集了一系列与研究生创业教学相关问题的评论。在接下来的章节中，我会把本次调查称为国际教育者调查Ⅱ（IE-Ⅱ survey），相关具体细节请参见附录一。关于在教授本科生和研究生时，教师是否应该使用不同的教育理念的问题，正如大家所预期的那样，很多受访者表示应保持一致。或许这也表明把个人教学定位和实际教学实践完全分开是比较困难的。

我曾说过，我在这两个不同水平的教学中坚持的是同样的教学理念，但我会通过不同的方法落实这种理念，让学生达成一些我所期望的学习结果。澳大利亚卧龙岗大学（University of Wollongong）的艾梅·张（Aimee Zhang）和我所持的观点不同。她认为需要为不同背景经历的学生设计不同的课程。然而，剑桥大学（University of Cambridge）的简·诺兰（Jane Nolan）教授则认为，研究生正处于人生中的一个不同阶段。本科生还在不时地寻找自己的人生方向，因此参与度比较差。对此，教师要运用一些教学策略，通过互动的方法增加本科生的参与度。另外，企业家同时也是西澳大学（University of Western Australia）特约讲师的艾丽西亚·卡斯蒂略（Alicia Castillo）认为，研究生更加成熟，也拥有更多的生活经验供其进行反思，但同时他们也肩负更多的责任；因此，针对他们的课程设置需要更加贴近生活实际。鉴于研究生可能曾在别处听说过许多类似的主题，美国西伊利诺伊大学(Western Illinois University)的贾尼丝·盖茨（Janice Gates）认为，需要给学生提供更多具体的实例或为其营造一个可以学以致用的环境。

尽管一些受访者觉得他们的教育理念和实践方法几乎没有什么太大的改变，但他们都没有解释原因。就这一问题而论，可能此刻最好的方法就是直接承认不同的观点确实存在。在接下来的章节中，我会证明这种明显的不同确实存在，并且创业教育领域的教育者必须要解决这一问题，才可以让学生对这两个领域的知识有所兼顾。

重要工具的开发

接下来，我们要继续探讨成人学习者和（或）他们独特的背景问题。我希望呈现给大家的观点能够引起你们思考。在探讨的过程中，我也会带领大家一起关注那些来自全世界创业教育者们的观点。我希望大家能和你们的学生一起继续接下来的阅读之旅。本书的目的是要进一步阐明，作为教育者，你们需要意识到自己所拥有的最重要的工具就是你自己。你就是自己最重要的工具。你和你所具备的教与学的能力（参见Hutchings, Huber and Ciccone, 2011）会最大程度地影响学生，使之有能力参与创业教育，以此改变人生。

我的逻辑是这样的：你身处于无数的互动当中，包括师生之间、学生之间、学生和自己的生活之间以及师生和共创的学习环境之间的互动。正如在《本科生创业教育》一书中所探讨的那样，如果不直接明确每一对互动的主体,这一系列的各种对话关系都是无从解释的。这些互动的关系经常是不可见的,但一些娴熟的教育家却有可能掌控它们。当你形成了自己的学科教学知识(PCK)框架,就可以强化自身的教育定位,这对你现在和将来的学生来说都是非常有益的。我自己个人的阅历仅仅是例子,绝不是可以遵循的模板。为求平衡,本书也会介绍其他创业教育者的观点。不过,我仅仅想给大家呈现更多的观点,并不要求读者一定遵循。每章的结论部分都会给读者提供一个反思的空间,让大家有机会去思考自己所经历的这些互动的本质,塑造并引导你的学生。

第二章　初期创业和发展中的成年人

教育的艺术就在于帮助学习者有所发现。(Mark Van Doren)

在针对成人学习者进行教学时,我们的教学目的是什么?教授成人学习者和青少年学习者有何不同?本章旨在探讨成年人学习关于创业的知识、为了创业而学习和经由创业而学习的本质。另外,本章还会探究成人学习过程的特点以及通过该学习过程他们想取得的收获。本章所探讨的核心问题是解释学生不同的学习动机。我希望对该问题的探究可以帮助我实现根本目的:帮助学生发现自我以及所处环境的本质。

作为一种社会变革,创业一方面是一种简化了的社会现象;另一方面它又是社会中一个包含若干过程和事件的复合体。在面对和创业相关的学习环境时,我们必须要小心,不能将初创业(nascent entrepreneurship)和学习关于创业的知识混为一谈。但是,针对成人学习者,我们还要解释学生目前以及未来的行动能力。因为毫无疑问,他们是社会变革的推动者。

成人学习者

由于学生多样性这个问题非常重要,故我在《本科生创业教育》(Jones, 2011)中就已有所阐述。但在研究生学习的背景下,这一问题又呈现出新的维度(Brookfield, 1986)。作为学习者,学生的生活经历(积极或消极地）塑造着他们的学习能力。从可塑性角度来看，他们的可塑性也许不够强。但他们可能更加关注和重视自己继续深造的价值。我们的挑战在于要确保学生能够全面了解创业教育的潜在价值，并确保他们清楚创业教育可以应用于实际生活中，以保证他们拥有足够的学习动机。如果学生缺乏真正的学习动机，他们也只能做到学习关于创业的知识而做不到为了创业而学习和（或）经由创业而学习。本科生通常关心的是如何创业，但对于重返校园的研究生来讲，他们仿佛又回到了人生旅途的原点。和本科生相比，只要能够让每位学生都将教育经验个性化，我们教育者应该会有更强的能力去发掘研究生学习的内在动机。

与本科生创业教育相比，我们更容易在研究生创业教育中看到正在创业或处在创业初期的创业者，这是研究生创业教育的一个独特之处。但是，这个矛盾实际上极具讽刺意味，因为绝大多数接受创业教育的学生都是本科生，他们被人们看作是未来的创业者。而研究生所占比例很小，他们攻读的经常是工商管理硕士（MBA）学位，他们被看作是出色的管理者。如果大家能够摒弃这一固有观念，就不会只见树木，不见森林。事实上，研究生拥有丰富的创业经验，他们中的很多人已经成为社会变革的推动者。先入为主地认为他们仅是创业教育的学生只会让我们忽视他们可能为教育环境做出的贡献。

研究生之旅

> 真正的发现之旅不在于开辟新大陆，而在于拥有全新的视角。
> （Marcel Proust）

假设我们面前有一些线，把这些线看作学生的认知、自信、动机和稳定感，那么每两条线的交汇处都代表着一个时间点。作为教育者，我们可以将自己置身于这些交叉点上，用光明替代黑暗，自信代替恐惧，认知代替无知，稳定代替不稳定。但是，我们无法将每位学生都安置在同一交叉点上，因为他们选择了不同的人生之路，拥有不同的人生旅程。所以，每个人都拥有自己的交叉点。这些各不相同的交叉点就代表着他们个人过往的历史。我们的工作不是帮他们绘制路线图，而是要让他们能够了解自己走过的路以及这一路上所积累的智慧并帮助其了解该如何继续前行。

这就是我眼中的研究生的机遇。这种人生转变既是精神与智慧之旅，同时也需要他们身体力行。事实上，此前许多人都没能认真地踏上创业之旅，主要是因为他们不能兼顾各种学习能力。人们需要能"积累生活常识"，也需要"有能力超越并且转化这些常识"（Hart, 2001: 12）。以我的经验来看，这段旅程对本科生来说挑战性过大（或者说过早），而对于研究生而言，虽然有点姗姗来迟，但却大受欢迎。当然，前提是这段旅程不会打乱他们现有的生活节奏。

哈特（Hart, 2001）的观点为我们提供了一个很好的框架。在这个框架下，我们可以帮助学生与信息互动、鉴别知识范式、开发智力、展示个人理解并最终应用所学知识。我认为，我们可以开发一段让学生发生转化的课程之旅，让学习成为一段旅程而非一种到达目的地的手段。一旦学生能够超越自身的生活阅历，他们就有可能成为社会变革的推动者。这很激动人心吧？最近，我询问了一些曾跟我学过创业课程的研究生，想知道他们在态度、自信心和创业渴望度上有何转变。以下是他们的陈述：

> 我现在更清楚身边的状况了……我能看到自己的差距。不过，我并不是总想去弥补这些差距……我只是看到而已！我知道只要努力就可以做好任何事情，并且我能够利用身边的资源。我敢于要求获得这

些资源，而且哪怕被拒绝了，我也不会责备自己。(学生评论1)

最近我参加了一个社区项目，但是由于种种原因，这个项目失败了。我利用从BAA510单元学来的知识，完成了这个项目的设计，然后从集体讨论中发现了商机并且对其进行了调研。(学生评论2)

和以前相比，我从失败中发现了更大的价值，并且从中成长了很多。现在我觉得自己应该承担更多风险，也不再像以前那样没信心了。即使好的创意遭遇失败，我也会做好准备迎接这一困境。(学生评论3)

作为教育者，这样的反馈让我激动万分，尤其是还有其他证据经常显示学生开展了创业行为。以上的评论并不意味着学生对我所挑选的教学内容有所抵触。我对其中展现出的学习深度深感自豪——他们具备了新的能力，可以以全新的方式看待世界，以全新的方式识别并且找出所需资源并在使用这些新方式的过程中建立信心。这难道不正是我们希望学习创业的学生应该获得的能力吗？

尽管我不能陪伴他们走过日常生活的点滴，但我知道自己一直在他们的旅途中陪伴其左右。我想要赢得他们的信任，激励他们适应自己的世界并且看到世界的那份简单。所谓简单，指的是学生要明白部分是如何与过程相契合的。我希望他们能够理解选择机制的运作过程，毕竟它会支持或抵制社会中出现的某些观点和倡议。要想实现这一目标，我需要给学生提供一片"透镜"，它可以降低社会变化的复杂性，让学生可以观察到（或者想象出）其中的各个部分。"透镜"的问题暂且留到以后讨论。现在，让我们一起探讨我激励学生并获得他们信任的种种尝试。

沃特克沃斯基（Wlodkowski, 1999）认为，成人学习者必须能够迅速辨识出学习中的相关性和各种选择，从而能够形成一个良好的学习态度。也就是说，要积极地面对教育者、课程、自己学习者的身份以及将所学知识成功并有意义地应用于实践的能力。因此，我在最开始时非常注重课程介绍,要向学生解释我将如何帮助他们这些成人学习者;如何确保进行的学习互动具有真实性;还有,如何确保他们的各种学习风格会受到认可和欢迎。总之,我会在短时间内让学生感受到一个安全可靠、充满支持的学习环境。

在帮助学生对学习者身份进行自我认知时,我会给他们提供机会,让他们消除疑虑,欣赏我们共有的多种智力形式(Gardner, 1993)。这样,每个学生首先都能得到作为一个人应得的尊重。我会尊重他们的学习努力和学习能力,哪怕是最不自信的学生也会在鼓励下认识到自己也是有能力的学习者。一旦学生开始关注学习任务,那么,这一切就变得相当简单了。实际上,成人学习者从生活的诸多困难中收获了很多。

最初,许多学生对创业课程的了解少之又少。有人认为创业就是经商,而也有人认为创业就是以全新的、刺激的方式经商。大多数学生在学习创业之初都认为创业学习的核心就是经商。如果学生有丰富的创业背景,这种理解可能不会产生很多问题。不过,如果学生创业经验不足的话,这样的假设会影响他们对创业者这一身份的理解,和(或)阻碍他们将自己看作是真正的创业者。我刻意消除学生脑海中经商的想法,而要将创业看作是社会变革的一部分。事实上,社会变革与他们所生活的世界息息相关,所以他们都有能力成为促进社会发展的变革者。这个方法似乎可以有效地激发学生对这门课程的兴趣。学生的世界总是比我的世界更有趣(对他们而言),本来也该如此。

当学生能够形成创业思维(entrepreneurial mindset)时,他们就会更为肯定自己将所学知识应用于日常生活的能力。成人学习者在学习中会付出时间与金钱等学习成本,因此,在学习中有所收获就变得至关重要。除了教育者对学生学习的评估外,我们还要让学生能够根据自己是否有能力将所学知识进行应用来进行自我评估,这也就意味着我们需要了解他们的学习动机。

了解学习动机

以往，学生求学的动机可以大致分成几类。如图2-1所示，我把最近几年教过学生的学习动机分为五类，教育者应该设法满足学生的这些学习动机。当然，这样的分类并不能对所有学生的学习动机进行详尽的描述，但却证明学生的学习动机是有所区别的。

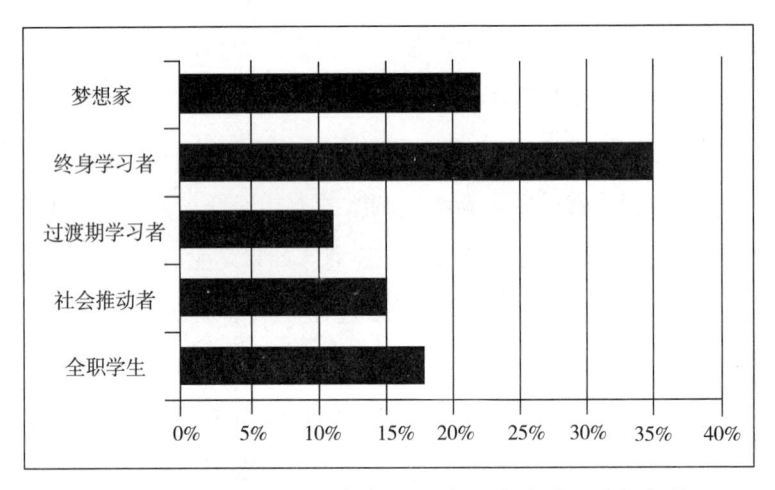

图2-1 塔斯马尼亚大学（UTAS）研究生学习动机分类

我接触到的第一类学生是梦想家。这类学生总是渴望打破平淡生活的束缚，能创造出新事物来展示其潜在能力。梦想家一般正处在创业过程中，男性居多。生命在流逝，而他们却一直坚守自己的梦想，相信总有一天会一鸣惊人创造出新事物。但终日受雇于人，或自己的创业活动中时间与资本的不足都可能成为他们追梦的绊脚石。非常讽刺的是，这类学生为他人工作与自主创业的可能性几乎相同，而无论做出何种选择，他们都会受到日常生活责任的牵绊，无法摆脱束缚去追求他们梦想的商机。不过，他们往往会将创业教育看作是实现伟大梦想的手段，会想方设法地寻找各种办法解决重要问题。

第二类学生是终身学习者。他们一直都致力于学习，并且对自身在社会中的定位有着与生俱来的好奇心。以我过往的经验来看，这类学生以女性居多，未充分就业（从工作时间来看）；从年龄分布来看，既有年轻人也有年长者。生活方式与兴趣爱好能够吸引终身学习者，社会创业对他们来说同样具有吸引力。这类人喜欢积累新的知识形式，并且有信心可以将这些知识最终应用于实践。不过，学生的学习动机可能达不到我们的期望值，因为他们会对多个学习领域均衡分布自己的学习热情。对他们而言，学习机会是源源不断的，而创业教育为他们增加了学习的机会。

第三类学生是过渡期学习者。他们希望在做出人生下个阶段的决定前可以有一个喘息的机会。创业教育给他们提供了一个全新的视角去看待世界和自己的资源配置（resource profile）（Aldrich and Matinez, 2001）。对他们而言，资源开发是其最大的兴趣所在。这类学生多为女性，在我所观察的各类学生中，她们的年龄是最大的。这类学生总是在工作，兼职居多，但学习动机最为强烈。创业教育学习让这类学生有机会去研究自己以及多年来积累的经验。因此，她们的创业兴趣最浓厚，尤其是为了增加其经济收入而进行创业。

第四类学生是社会推动者。他们是一群拥有真正创业灵魂的学生。这类学生往往比其他类学生年轻，具备较多的工作经验，他们想通过教育提高自身的资历。对这类学生来说，就业只是一种达到目标的手段，而创业则是一个严肃的目标。创业教育可以激励他们，他们激情澎湃，迫切希望在课堂讨论中有所表现。对这类学生而言，一切皆有可能。创业教育会增强他们与生俱来的自信。随着他们逐渐意识到自己的天赋，创业教育可以促使他们将自己的创业计划提上日程。

第五类也是最后一类学生，是全职学生。正如我所想的那样，他们一般是年轻的男性留学生，工作经历很少。接受创业教育不过是一种增加资历的过程。他们会同时关注很多其他课程，这很容易分散其在创业教育上的精力。创业教育可以帮助他们树立自信、解放思想去考虑多种不同的职业道路。他们学习创业教育的动机经常是一种责任感，希望在留学归国后可以帮助或协助管理家族企业。

总之，对学生的分类表明了我对创业教育学习动机的理解。这些学生从类型上看未必和你接触过的学生是一样的。但这并不重要，重要的是你不能假设学生的学习动机是几乎一致的。因为，只要你发现学生具有不同的学习动机，就可以促使他们找到创业教育的兴趣与意义所在，因为这与他们的生活息息相关。让我们再次放眼全球，看看世界上的教育者如何看待研究生在创业教育中面临的机遇和挑战。

研究生的机遇和挑战

国际教育者调查Ⅱ中的许多受访者就各种机遇和挑战的问题达成了共识。人们能明显感觉到研究生所面临的矛盾窘境：他们似乎更加睿智，但同时被更多的生活责任所束缚。来自澳大利亚财富集团（Wealthing Group）的艾丽西亚·卡斯蒂略（Alicia Castillo）博士认为，创业对研究生而言会更容易些，因为他们可以根据个人经验验证各种假设。然而，创业对他们来说又是很困难的，因为他们通常身负各种责任，这会迫使他们规避风险。同样，加拿大全球信息经纪人公司（Global Infobrokers）总裁莫妮卡·克罗伊格（Monica Kreuger）也发现，研究生（与本科生相比）的生活阅历更丰富。因此，他们拥有更广泛的人脉和商业社交圈，学习中也可以得到更多的参考借鉴。此外，她还认为，过去的生活经验对研究生有很大的束缚，他们会比本科生更加难以走出这种舒适的生活状态。我们会在下一章继续关注此类观点。

另一个值得关注的问题是，研究生会面临因生活的塑造而产生的各种挑战。来自波多黎各图拉波大学（Universidad del Turabo）的格丽塞尔达·科雷亚（Griselda Correa）博士认为，之前的工作经历以及对成功创业艰辛的深刻认识可能会对成人学习者造成不良影响。新西兰梅西大学（Massey University）的比尔·柯克利（Bill Kirkley）博士认为，成人学习者在学习中总会带有思维定式，认为事情就该以某种方式发展。英国纽卡斯尔大学（Newcastle University）的凯蒂·雷（Katie Wray）认为，这或许是因为他们深受学术界和传统就业模式的影响。

　　以上是一些支持或反对研究生创业的言论。不过现在看来，我们更应该关注如何提高研究生的创业能力。既然在看待研究生创业这个问题时，我们要同时考虑到机遇和挑战两方面，那么，存在不同的观点也似乎合情合理。但是，如果我们只是单纯考虑研究生在现在和未来社会中是否会更加具有创业精神的话，创业教育的真正力量就不言而喻了。因此，我们可以放大以经验为基础的明显优势，而基本不考虑情境所造成的挑战。当然，学生的生活经验究竟会促进还是阻碍学习，在这个问题上，教师会对他们产生极大的影响。

将学生与学习联系起来

　　在接受教育时，每个学生都是有着不同生活经历的个体，有着不同的个人和社会成长环境、价值观、运气、知识水平以及不同领域的专业知识。创业教育者若承认学生具有不同的学习动机和生活经历，就需要将这种多样性当作一个主要的因素来考虑，要知道这种多样性是不可能轻易消失的。布鲁克菲尔德（Brookfield, 1990）指出，成人学习者如想在学习环境中生存并取得成功，学习社区在此过程中起着至关重要的作用。教师并不是学生最重要的学习资源，因为他们都有能力进行互助性的学习。

　　创造一个让志趣相投的学生彼此认同并建立友谊的环境非常重要。拥有创业精神并不意味着学生要从起点出发然后到达某一高度，而是需要学生付出勇气、拥有主动性并进行很多社会性的互动。很多学生都拥有成功创业所必需的特质，但他们缺乏主动迈出第一步的信心。虽然接受创业教育课程的学生往往会在生活的其他方面展示出领导才能，也能自信地学习和应用相关知识，但成为创业者的想法常常会令他们望而却步。作为教育者，我们可以引导学生建立一个学习社区，即便没有教师的指导，学生也可以一如既往地保持有效且高效的学习。

　　说到这里，你可能会感到自己的存在有些多余，因为我们作为教育者的角色被削弱了。奥尔德里奇和马丁内斯（Aldrich and Martinez, 2001）在他们影响深远的论文《被召的人多，选上的人少》(Many Are Called, but Few Are Chosen) 中列举了在很多创业过程中存在的挑战。为了成功，教师要努力做出更多的尝试。同样，学生也要努力尝试。我们需要学生去尝试构想、创造并获得新价值来实现创业教育对社会的真正价值。我们不能确保每位学生在毕业之际都能成功创业，但我们有能力保证使所有学生都有机会亲身体验创业的过程（Gibb, 2002）。从这个意义上来讲，教育者面临的挑战就是要重视每个学生的学习过程，而不是仅仅关注他们的个人表现。

　　我们需要认识到学生多样性是永远存在的，为了让学生热爱学习，我们要好好利用这一优势。如果能够认识到学生多样性会对教学实践产生影响，我们就可以使用多种教学方法、运用各种互动技巧并鼓励多种交流形式。布鲁克菲尔德（1990）认为，这样做可以有助于实现以下两点：首先，增加学生采用最好方式进行学习的机会；其次，让学生有更多的机会采用新的、令人兴奋的方式进行学习。不过，这些方式可能会在将来给学习者带来挑战。

当学生的目标从学习创业这门学科过渡到学习创业时，他们就可能进入解放性学习（emancipatory learning）阶段（Cranton, 1994）。我认为创业教育的最终目标就是：把学生从学习困难或信心不足中解放出来。如果我们敢于思考并描绘出这样的教育愿景，就要诚实地面对自己的角色，这要求我们要用这样的方式来支持学生。阿伦森（Aronsson, 2004）在采访戴维·伯奇（David Birch）时谈到了一种在大多数商学院常见的教学方法。这是大多数教师认为适合的教学方法，可以教给学生知识和技能，使他们能够成为优秀的雇员。因此，在一个不重视以上方法的体系里从事创业教育就是创业教育者所面临的最大挑战。

从普通教学法到成人教学法

本章将为你提供一个空间来反思：与本科生教学方法相比，你目前对研究生采用的是怎样的方法？诺尔斯（Knowles, 1980）曾对这二者的区别进行了深入的比较。从教学方法的角度看，学习者是高度依赖教育者的。教育者决定学习内容、学习方法、学习时机，并且判断哪些知识是学生已经学过的。相比之下，成人教学法需要学生具有更高程度的自我指导能力。同时，教育者会在学生所选的领域中对学生进行培养和引导。那么，你是如何区分本科生和研究生教学方法的呢？你是要扮演完全不同的角色，还是会把在本科阶段中的角色延伸到研究生阶段中呢？假设果真如此，学生又会获得怎样的学习结果呢？你又将如何应对这种学习结果呢？

如果将学生的经验纳入考虑，你对这两类学生进行的教学实践是否会有所不同？从普通教学方法上看，通常我们会把学生看作是有待填充的空容器。教育者在上课时多会使用幻灯片和视听的方法来传授信息。而从成人教学法来看，我们旨在挖掘学生已有的经验和知识储备，并希望以此为杠杆,让他们将所学的知识应用于真实的情境。因此,我们希望运用更多体验性和实践性的教学方法。你也使用同样的方法吗?你的研究生是否得到了应有的尊重?你是否允许他们在课堂上将自己所积累的知识和经验当作学习工具?如果答案是否定的,你是否削弱了他们将学习机会最大化的能力呢?

你是否花时间考虑过学生对学习所做的准备?一般来说,我们想当然地认为本科生群体相对比较单一,大多会随时做好学习的准备,并可以从标准化的课程中受益。不过,从上文的讨论中我们可以看出,研究生年龄不同且生活境遇各异。从成人教学法的角度看,我们应该帮助他们解决困难和(或)利用生活中的机遇来确保他们可以解决需要处理的问题。很明显,我们接触到的研究生是一个多元化的学生群体。你的方法可以适应这种个体求知欲望吗?

最后,你的学生是想丰富自己的简历,还是想学习未来求职所必需的知识和技能?他们是在改变自己的人生道路吗?或许他们希望能够提高效率,更好地解决现实生活中的问题并应对机遇。你如何衡量普通教学法与成人教学法之间的界限?在不同领域内,你会运用不同的方法吗?接下来,本书会重申这样做的必要性以及提供各种观点来帮助你思考所处教学环境中存在的挑战。在下一章,我们将探讨研究生的世界和他们接受创业教育的学习过程。

第三章 环境造成的困境

> 问题不在于是否会发生转变，因为一定会发生转变。我们变化着，成长着。因此，现在的问题是我们能否使转变得以发生。我们能否开启一种可以引发甚至促使转变发生的教育？（Hart, 2001: 13）

我们曾探讨过，研究生的知识和经验具有多样性。现在，我们关注的是如何利用这些多样性使学生获益。从生物学角度来看，蜥蜴的性别决定机制取决于雌性蜥蜴所处的环境（Pen, Uller, Feldmeyer, Harts, While and Wapstra, 2010）。也就是说，气候的冷暖将直接影响雄性和雌性蜥蜴在特定种群中的分布。因此，我们不能假设基因遗传就可以全面解释性别决定机制，也应考虑到因环境诱发而产生的变化。

尽管本章的引言读起来可能有点奇怪，但其目的是为了构建一个框架。在此框架中，你可以把自己当作一位可以帮助学生进行转变性学习的环境建设者。为了达到以上目标，在这里我们有必要探讨一下所需要的过程机制。能够抽象地理解这个机制的基本要素非常重要。因为只有这样，你才能设想出这些机制在你的世界中是如何运作的。当学生和教师以及其他学生进行互动时，他们就像蜥蜴一样，也在对周围环境的观察和反馈中发生着转变。请把自己想象成一位建筑师，你正在为学生提供一个选择的过程和打造一个个人空间来让其体验自身行为的变化。杜威（Dewey, 1933: 22）说过："我们从来不直接进行教育，而是通过环境间接进行教育。我们是依靠偶发的环境，还是有目的性地人为设定环境，这很重要。"需要注意的是，这里说的行为改变是广义的概念，包括感觉、思维以及显性行为（overt action）(Tyler, 1949)。在进一步探讨多样性作用之前，让我们首先对这个转变过程加以考虑。

学生的可塑性

人们已经就社会中个体发展的问题进行了多年的研究。大致来说，作为独立的个体，我们所继承的基因编码会让自己踏上一段特殊的发展之旅。在面对不同的生活环境时，生活的某些方面可能会发生一些积极或消极的变化。在19世纪末，詹姆斯·鲍德温（James Baldwin, 1896）提出了进化理论的新因素，此后被称为"鲍德温效应"（Baldwin effect）。在其他进化过程中，他提出有益的（心理发生的）特质会为个体发育的可塑性提供支持。他认为，一些个体能够按照目前和未来环境的要求，通过试验性学习、指导、有意识的智慧和（或）模仿等方式获得某些特质，具备了这些特质的个体会比不具有以上特质的个体更快地适应环境。

一百多年后的今天，大脑的可塑性已经是一个热门话题。个人经历会使人脑发生改变或调整。目前，成年人发展研究也非常重视人脑的这种能力。迈克尔·梅泽尼希（Michael Merzenich, 2009）认为"个人技能和能力在很大程度上是由所处的环境塑造的，并且这种环境已经渗透到了现代文化中。而这种文化也给人类大脑带来了挑战。个体在进化中的行为的目的是为其积累大量的特殊技能和能力"，这都是源自人类大脑的可塑性。从这一角度来看，个体是从生活中亲历过的无数事件中塑造起来的。作为教育工作者，我们非常荣幸地可以创造出这样的环境，给学生提供全新的经历和事件，我们也有能力塑造学生和创业之间的互动关系，加强、支持并鼓励这种互动。

著名经济学家托尔斯坦·维布伦（Thorsten Veblen, 1922: 193）曾说过,"如果社会中一部分人或阶级在某一基本方面不受环境影响,那么这个群体或阶级在观念和生活规划等方面就不会很快适应不断变化的整体局势"。他还指出,"调整的自主性和灵活性……很大程度上取决于自由度……以及……环境对个体的限制程度"。我从这位先哲的智慧中发现了隐藏在教育工作者身上的责任。新环境充满了挑战,为了能适应该环境下的种种要求,学习创业教育课程的学生需要更多的机会。因此,我们必须明确自己的角色就是要给学生构建一个充满挑战的环境。传统观点认为,教育者在学生生活中处于核心的或支配性的角色,我们需要改变自己的这种角色,并为他们提供足够的发展空间。

最近的研究表明,我们必须要用某些因素来优化成人学习的进程（Thomas, 2012）。首先,我们要确保设计的任务在难度系数上要超过学生的现有能力；其次,要确保这些挑战可以在一定程度上起到激励的作用；最后,要确保使用适当的反馈形式指导学生的发展。最重要的一点是要让学生获得整体利益（general benefits）。我认为,在创业教育中,每位学生的真实境遇都将在学习的舞台上重现,在这里,他们将追求自己的整体利益。从这个意义上来讲,在学习如何解决问题或如何利用生活中的机遇时,学生将会获得真实的兴奋感,从而可以在一定程度上减少那些会降低人生可塑性的"结构性制动"（structural brakes）（Bavelier, Levi, Li, Dan and Hensch, 2010）。

总之,如果想要促成学生的转化性学习（transformative learning）,我们必须充分认识到自己是挑战性环境的建造者；要把学习进程情境化到学生的个人生活中去以确保他们了解真正的益处；要确保每个学生都面临足够的挑战,这样才会让他们真正超越现有的心智和技能；还要确保学习成为他们连接现状和理想的未来之间的纽带,并要提供形成性及总结性的评价方法来支持学生经历渐进性的改变过程。如果你能为学生提供这样特别的选择机制和个人空间让其体验行为上的转变,你和学生都可能会受益匪浅。在此,我只是简单地探讨了学生可塑性这一概念。接下来,我们继续探讨多样性问题,我认为它将最终决定教育者的成败。

利用学生的多样性

以往研究关注的是教育背景下多样性具有的价值和作用。目前,研究焦点已转向关注社会经济和(或)多元文化等因素。霍纳克和欧提兹(Hornak and Oritz, 2004: 91)认为,我们可以利用始终存在的多样性来引导学生拓宽视野,培养批判观察社会现象的能力,并能够"更有信心地面对高风险境遇"。就我而言,在创业教育学习过程中探索多样性的价值也可取得类似的结果。然而,当我们把自己当作知识的拥有者和教室中的主导者时,我们就忽略了学生做出的种种贡献。更糟糕的是,如果我们不给学生相互学习的机会,就会限制他们的学习。

一方面,我们需要挖掘学生的生活经验来帮助他们学习;另一方面,我们还应使他们能将他人丰富的经验加以内化。在个别有代表性的班级中,绝大部分学生已经经历过创业,而我的责任就是要利用这些真实的经历帮助他们获悉身边的变化。第八章将会详细探讨整个过程。在此之前我将关注如何利用学生生活经验的多样性。接下来,让我们看看其他教育工作者是怎样看待这个问题的。

全球视野

国际上很多教育者都非常支持这种利用研究生多样性来帮助他们学习的做法。但必须注意的一点是,很多教育者明确指出,成年研究生和应届研究生是有区别的。本书之前所关注的焦点就是成熟的成人学习者,接下来要探讨的也是该类型的研究生。

很多国际教育者调查 II 的受访者提出了相似的观点。泰国吞武里大学（Thonburi University）的瓦尼达·万迪昌诺（Wanida Wadeecharoen）博士指出利用小组讨论分享彼此经验的重要性。澳大利亚卧龙岗大学的艾梅·张进一步扩展了瓦尼达博士的观点。她提出了确保学生在讨论中深入思考的重要性。英国林肯大学（Lincoln University）的戴维·雷（David Rae）教授做出了进一步补充。他认为在讨论时，学生应首先对经验进行反思和感悟。这些观点说明教育者使用了一些简单并实用的方法，挖掘出研究生背后那些不为人知的经历。

在确定可行方案时，澳大利亚南澳大学（University of South Australia）的彼得·巴兰（Peter Balan）认为可以让学生面对更多的挑战。他提出，可以让研究生进行反思并讨论行动方案（courses of action）的合理性。而与研究生相比，本科生的工作和生活经历都非常有限。很多受访者支持美国哥伦布州立大学（Columbus State University）柯克·赫里奥特（Kirk Heriot）博士的观点。他认为，研究生可以在实际环境中将理论和实践联系起来。经验至关重要，对于接受创业教育的学生来说，它似乎是一种特殊的货币形式。

另外，过去的成功和失败都会带来不同的经验。英国剑桥大学（University of Cambridge）的简·诺兰（Jane Nolan）博士认为，失败和（或）犯错都是学习的重要途径。生活经历可以使学生更能意识到自己不可能事事顺利，需要从生活经历中学到宝贵的经验。从另一面来看，虽然这一切经常是十分艰难的，但学生学会了选择和把握奋斗目标。这个观点非常有意义，它看到了存在于学生生活中的权衡问题；当然，这种权衡会因学生的动机不同而不同。

加拿大全球信息经纪人公司的莫妮卡·克罗伊格也持有类似的看法。她认为，我们应该经常让学生把学习融入到过去的生活经历中，利用学习和经历之间的联系来形成创意、促进应用或进行研究，并依托生活经验在现实世界中发现和解决问题。她还认为，学生应该不断将学习和自己的现状相结合,并通过合作性学习来借鉴其他学生的真实状况。这种想法实际上和爱尔兰格里菲斯学院(Griffith College)的杰拉尔丁·麦金(Geraldine McGing)的观点非常契合。杰拉尔丁提倡以同伴为中心的学习方法,教师不再是知识的持有者,其作用就是要帮助学生解决那些在小组中产生的问题。英国纽卡斯尔大学的凯蒂·雷进一步丰富了以上观点。她倡导使用合作性辅导,鼓励学生把自己的案例带到课堂中来,这种真实经验的输入实际上是一个以问题为基础的学习过程。很多受访者认为成人教育的实践形式和有意探索学生多样性是密切相关的。现在,让我们从学生的角度来探讨一下这个问题。

倾听学生

现在应该倾听学生的心声了,让我们来看看他们有哪些想法对探讨有帮助。首先,我们应该考虑学生的处境问题。从以下评论可以明显看出,学生在描述种种束缚的同时,也体现了不同种类和程度的动机。

> 作为一名成人学习者,我的现状对我产生了很大的影响。我有个年幼的孩子,需要稳定的工作来支付各种开销。所以,我的第二份工作体现了我的创业倾向和创业渠道。如果说再年轻几岁,又没什么负担和牵挂,我可能会冒更大的风险,当然也是经过深思熟虑的。(学生评论1)

> 我43岁就成为了祖母,这是一份礼物,但也让我非常震惊。我因此开始考虑要为下一代多付出一些,让他们过上更好的日子;我丰富的生活经历和创意还有待开发。(学生评论2)

> 可以说,我这一生多数时间都在走大多数人走的路。但是,现在我想尝试一条充满机遇与挑战的小路。一直以来,我都害怕失败。不

过,我现在已经意识到,有时失败是一种必要的经历,也是有价值的学习途径。(学生评论3)

虽然有个年幼的孩子,但家人的支持让我重新开始学习,也让我开始追随自己的梦想(道路)。我想看看它到底能把我带到何处。(学生评论4)

在过去的三十多年里,我成立并经营了四家企业,有几个取得了很大的成功。但所有的这些都是在积累学习经验。这些研究使我重新燃起了斗志,想要重新为自己的目标而努力。(学生评论5)

我结婚了,有两个孩子,一直在为生活奔波。有时候,我觉得自己被完全困在生活的夹缝里了,但我并没有因此消极。我热爱自己的家庭,不过也渴望能走出去看看,并想要做点事情。我知道,在未来的某个阶段会出现一个恰当的时机让我施展抱负,只不过我的良心一直在提醒我,自己还需要照顾孩子。(学生评论6)

以上是我曾教过的一些学生的评论,揭示了学生在特定情境下所遇到的挑战。他们在家庭和社会中都扮演着各不相同、不可或缺的角色。他们不想破坏目前稳定的生活,但他们正在慢慢老去,不得不考虑自己的精力和退休后的保障。同时,他们注重对家庭和社会的责任,也在思索着应该给下一代留下些什么。和他们相比,生活对本科毕业生的约束相对较少,他们(可能天真地)对未来充满了期待。与本科生相比,研究生所反映的生活现状更加真实,目前的生活状态也必然会对他们的未来产生影响。鉴于以上的探讨,让我们简要地思考一下研究生发生转化的本质。

的确如此,我现在更清楚身边的状况了。我能看到自己的差距。不过,我并不是总想去弥补这些差距。我只是看到而已!我知道只要努力就可以做好任何事情,并且我能够利用身边的资源。我敢于要求

获得这些资源,而且哪怕被拒绝了,我也不会责备自己。(学生评论7)

现在我更加自信了,因为我找到了创业理论和自己一直靠本能而使用的创业方法之间的联系。(学生评论8)

我对成为创业者的要求有了更深刻的理解,对自己成为内创业者的能力更有信心了。同时,我也在工作中取得了一些成功。(学生评论9)

和以前相比,我在失败中看到了更大的价值,并且从中成长了很多。现在我觉得自己应该承担更多风险,也不再像以前那样没信心了。即使好的创意遭遇失败,我也会做好准备迎接这一困境。(学生评论10)

从这些评论中,我们可以明显看到学生不断增加的自信。这种自信推动着学生采取新的行为方式,从不同层面感知事物,将抽象想法和现实生活相联系,克服恐惧并获得动力。我们在探讨人脑可塑性时,可得出自信便是其最终产物。

我认为这里采取的是一种解放式的学习模式(Cranton, 1994: 16),或者是"一个自我解放的过程,让学生从自我选择和控制生活的外力中解放出来。而在此之前,这种力量被认为是理所当然或根本无法控制的"。和那些容易受他人影响的本科生不同,研究生通常会按照自己固有的方式前行,这一点非常重要。让学生更有意识地控制周围环境对我们来说是一个挑战(Freire, 1974),我们要让他们看清并理解这些塑造他们生活的外力。在第八章,我们会详细探讨那些可避免或不可避免的坏运气。但目前我们仅用它来解释一个简单的逻辑。

事实上,学生并没有意识到存在一些可能会决定他们生活的外力或因素,而它们会对人生产生积极或消极的作用。无论是信心百倍还是小心谨慎,学生期待的目标和行为的最终结果之间不存在任何直接的联系。

萨姆纳（Sumner, 1902: 67）巧妙地将其表述成"动机和目的存在于人的头脑和心中，而结果则存在于现实世界中。前者会被人类的无知、愚笨、自欺欺人和热情所影响，而后者则是一些因外力作用形成的结果"。为了从无知中摆脱出来，学生必须要了解自己所处的生活状况，因为教师无法得知他们生活中起作用的种种因素和外力，而教科书也不能提供类似的介绍。

在行动之后，学生要反思为什么会产生这样的结果。如果对这些会决定最终结果的因素和外力一无所知，即使取得了成功，实现了最初动机和（或）目的，我们也只能将其归因于好运了。现在，我们来探讨一些人们不愿意看到的后果。我们是不是经常听到人们把不理想的结果归因于霉运？很明显，如果对那些决定最终结果的因素和外力一无所知，那坏运气很有可能就成为影响最终结果的替罪羔羊了。

然而，我们可以假设创业教育的过程已经让学生拥有了新的能力，可以准确地辨别周围环境，并可以及时地表现出动机和意图。而在此前，这一切都远远超出了他们的精神禀赋（mental endowments）。突然之间，他们看到了影响他们初期行动的各种潜在因素和外力。面对这些实际风险时，他们能够明智地平衡和判断。第十章将会探讨这种敏捷心智（mental agility）发展的过程。现在，我们要探讨的问题是：教育者在授之以渔的教学法中，如何理解自己作为教育者的身份。

教育者和情境中的学生

现在，我们用一个重要的问题开始本部分的探讨：你想成为学习环境的建造者来支持学生进行解放性的学习吗？我希望你能从个体的角度来思考学生的学习。也就是说，学生并不是同步地由 A 点发展到 B 点的，我们要考虑到学生的个人情况和不同的学习动机，并且接受他们不同的学习轨迹。

　　我在这里要重点强调一点：我们要认识到，不同的技能将会给学生带来不同形式的回报。也许某个学生可能会对自己利用社交媒体进行沟通的能力更有信心，并因此提高对生活中该方面的掌控。而另一个学生可能对自己认知周围环境的能力有信心，进而更加确定自己有能力驾驭周围的环境。从这方面来看，你的课程组织不应过多地以主题学习为中心。也就是说，学生正在通过解决问题或创造新价值的机会来了解自己，并不仅仅是学习与创业相关的原理。作为教育者，我们需要把学生带进一个非理性的世界，在这个世界中，他们现有的信念可以互相矛盾（Brookfield，1990）。达到这一目的最好的方式是合作学习，这种学习过程会稳妥地帮助学生重新整合，融入所在的社区。所谓重新整合，是指学生会对所处环境中某些方面（以前未发觉的）重新定位，而这种环境将最终决定行动结果。

　　很明显，上面的讨论说明了学生反思的重要性。我们会在第六章详细地探讨这一问题。在此之前，我认为要确保学生进行批判性的自我反思，这一点极为重要。你是否对学生的个人生活经历感兴趣？是否要求学生把个人生活经历带到他们的学习环境中去？是否能够明白让学生定位自己起点的重要性？是否能明白学生与周围社区的重新整合程度取决于他们对先前所处社区的了解？如果你对我提出的问题感到不舒服，这就表明也许你仍然认为自己对学生来说是权威中心。如果可以解放思想，你就可能做好准备帮助学生走上一条新奇而激动人心的道路。

　　在第十章，我们将概述让学生有能力挑战现有假设（隐性或显性）的各种过程。现在，关键的问题是所有的假设都受到了挑战。合作性学习过程的价值毋庸置疑。从我个人的经历来看，我会通过小组讨论提出那些固有的假设来揭示一些潜在的文化和社会经济因素，它们可能会影响学生对自身和环境关系做出的判断。同样，过去的生活经历和不同的教育水平也为我提供了一些可控的因素。当学生的性格、认知情况、学习动机和价值观开始影响学习环境时，就会不可避免地发生一些有趣的事情。学生都认识到，创造新事物是非常具有挑战性的。

将学生带到一个虚构的起跑线上，这也是对你的挑战。之所以说是虚构的，是因为学生似乎要同时出发。然而，在现实中，每位学生都有着不同的生活经历，而这些将不同程度地影响他们所面临的种种特殊挑战。在第七章，我们会通过每位学生的资源配置（resource profile）来讨论这个问题。届时，我会让大家重新审视本章所探讨的话题。请问问你自己：你究竟是课程资源型教育者还是学习的建造者？回答这一问题会帮助你看清关注学习过程的重要性。并无冒犯之意，虽然大多数人都声称自己能够传授知识，但只有极少数人才能展示出学生作为个体是如何学习的。

现在，让我们回顾一下之前的内容。无论蜥蜴的如意算盘打得多好，它们都无法决定下一代的性别，把目的和结果联系起来。其实，在很多方面，人类也有着相似的命运。我们所做的一切活动都可能因环境而发生改变。人类和蜥蜴的不同之处就在于我们具有高级的意识水平。正如麦肯齐（McKenzie, 1934: 59）所说的，"从生态学上看，人类和其他低等生物的根本区别就在于人类在面对环境时具有更高水平的行为适应性"。也就是说，人类能够更加精确地分辨出各种环境要素。更为重要的是，人类可以控制环境的某些方面来造福自己。

以上内容主要探讨了学生的转变过程以及教师的角色问题。我们需要关注自己想要培养出哪些类型的学生。在《本科生创业教育》中，"理性冒险者"概念被提出。然而，在研究生背景下仅培养这种类型的毕业生是远远不够的。在下一章我会进一步探讨其中的原因。

第二部分

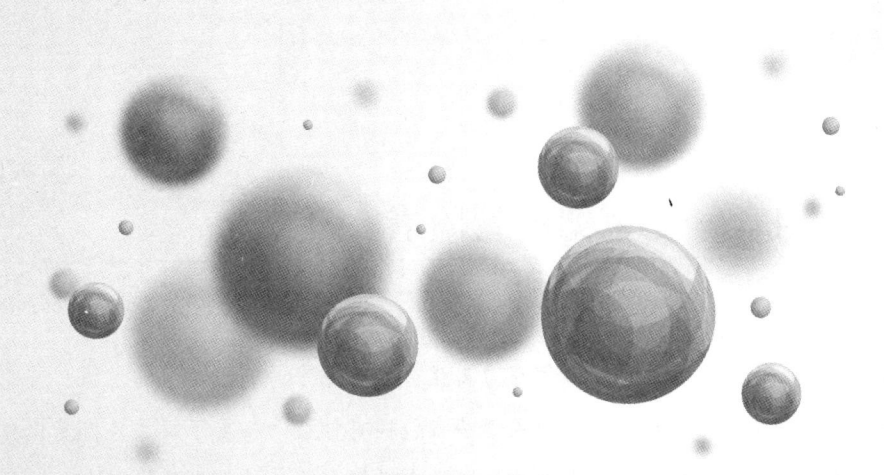

学生的本质

第四章 受束缚的冒险者

生活就是学习如何自力更生、无拘无束、随心所欲的过程：若想实现这一目标，人们必须清楚自己拥有什么——要了解并且接受自身状况。这就意味着大家首先要学会了解自己，清楚自己能为当今世界做出何种贡献，并且要学会如何能让你的贡献有益于社会。教育的目的在于告诉人们怎样才能自然、如实地为自己定位。（Merton, 1979: 3）

在本章中，我将提出"受束缚的冒险者"（tethered adventurer）这一概念，这也是我努力塑造的理想的研究生类型。这有助于我说明为何"理性冒险者"（reasonable adventurer）的概念在研究生情境下不够全面。我没有说"不适合"，而是用了"不全面"一词，是因为"理性冒险者"的概念对于我们现阶段的讨论仍有可借鉴之处，只是它还不足以概括所有问题。我们讨论的目的在于让读者仔细斟酌理想的毕业生类型。这种反复思量非常重要，因为它给我们提供了一个逆转思考的出发点，这将有助于我们设计出合适的课程与学习环境。

我之前曾经说过（Jones, 2011），发现希斯（1964）提出的"理性冒险者"概念使我能够平衡本科生的期望与其能力之间的差距。我们采用"理性冒险者"的概念，把模拟创业过程的学习模式搬上了教育的舞台。学生不必再为20岁时征服世界的遐想而感到压力重重。如此一来，学生可以在现实生活中树立信心，相信自己有能力创造机会实现满足感。幸运的是，基于描绘出的理想的毕业生类型，我也能够设计出更加确切的课程大纲和学习环境。

当研究对象从本科生变为研究生时,我意识到我们无法继续沿用"理性冒险者"的概念。作为一名毕业生,"理性冒险者"应该具备六个优秀的特质,它们是:拥有智力能力、亲密的朋友关系、独立判断价值的能力、对于含混的容忍度、广泛的兴趣以及幽默感。这些特质可以帮助毕业生打一场持久战。然而,研究生却往往需要速战速决。也就是说,他们需要在学习期间一边学习一边抓住机会创业,而不是等到毕业之后再去创业。这样看来,之前提出的概念不足以充分描述人们在当下生活中的所思、所感和所为之间的关系。理性冒险者应该能够应对生活中将要发生的事情,而受束缚的冒险者则仍然受当前生活的影响。就本科生而言,考虑到学生的发展,人们看重的"并不是他们18岁时的成就,而是他们今后能有什么样的发展"(Whitehead, 1929: 1)。斯金纳(Skinner, 1964: 484)认为,"当我们将学过的东西忘得一干二净时,最后剩下来的就是教育的本质"。他的评述似乎更适用于研究生。

为了就这一点展开讨论,作为研究生教育者,我们在与学生打交道的过程中必须考虑自己的教学对象。我们不能简单地让命运决定学生的未来,因为当我们彼此相遇时,他们已经有了各自的生活环境。因此,我们应该关心的是他们是如何理解(或参透)各自的世界的。如果说教育应该有其目的性,那么在我看来,教育的目的就在于让学生能够在其所处的复杂环境中创造机会。

我之前在马西娅·巴克斯特 – 马格达(Marcia Baxter-Magolda, 2004)的论著中接触到了"自我管理"(self-authorship)的概念,这让我意识到这是一个重新组织自己思路的机会。我向读者阐述自己的想法并不是想说服大家采纳"受束缚的冒险者"这个概念,而是想让大家确信这个想法有一定依据。首先,让我们从总体上了解"自我管理"这个概念。接下来,我会阐述在"理性冒险者"(Heath, 1964)概念的基础上,我是如何提出"受束缚的冒险者"这一概念的。

培养受束缚的冒险者

"自我管理"的概念始于基根(Kegan, 1994),巴克斯特-马格达(2004; 2007; 2008)又在其著作中充分拓展了这一概念。巴克斯特-马格达简要地将其定义为"一种个人阐明自身信仰、身份以及社会关系的内在能力"(Bexter-Magolda, 2008: 269)。自我管理是一个公认的概念,它有助于我们解释个体应对成人生活中种种挑战的能力。总的来说,我将这一概念视为"理性冒险者"的成年人版。接下来我将简要论证,受束缚的冒险者在展现自我管理维度的同时,对其周围环境及与其他实体之间的互动也具有高度的感知。

打个比方,在我们尝试培养本科生理性冒险者的特质时,就开启了学生"结茧"的学习过程。正如我在另一部书里所说的(Jones, 2011),我们有时无法看到所有学生破茧而出,变成美丽的蝴蝶,因为学生毕业往往会打断整个过程。然而,当他们放下旧的、不再需要的东西"破茧成蝶"的时候,就是他们迈向"自我管理"的第一步。下面我将详细地解释这一过程。自我管理能力的培养包括帮助学生重塑"他们的信仰(认识论)、自我感知(自我认识)以及自己与他人的关系(人际交往)"(Meszaros, 2007: 11)。培养"理性冒险者"特质的过程为最终获得自我管理能力提供了良好的前提条件。

从认识论角度看,学生面临的挑战是要从不同的角度审视这个世界。这就需要学生不断地提高知识水平和培养良好的人际关系。他们需要在相信论者与怀疑论者两种角色之间自如转换。我们要鼓励学生发现他人的个性,允许他人质疑自己的世界观。而从自我认识角度看,第六章中对于小组意义建构过程的阐释表明学生的自我认识也会受到自我质疑。

另外，培养价值判断能力也很重要，该能力有助于学生接受新的生活方式，重塑他们的自我认识。最后，我们要讨论人际交往的问题。幽默可以破除社交障碍，有助于开启更深层次友谊的大门。这些关系源于小组共同面对的挑战，他们在不断完成任务的过程中培养了自己的含混容忍度。推动小组意义建构过程的最后一个因素是帮助学生拓展兴趣。学生应该学会从平凡的事物中寻找兴趣点，然后找到解决问题的办法。

需要说明的是，我努力创造机会培养本科生具备"理性冒险者"的六个特质，就是在积极地培养他们"自我管理"的能力，因为他们对未来生活有了更大的掌控能力。当然，我们无法保证每个学生都能利用自我发展的机会。正如我在第二章中讨论过的，学生的动机千差万别，我们也不可能要求他们步调一致。我们面临的挑战是如何创造机会，让自我发展成为一种可能并且能够得以实现。也就是说，我们必须确保"教育的目的在于告诉人们怎样才能自然、如实地为自己定位"（Merton, 1979: 3）。我认为，让学生了解什么是理想型的毕业生是十分有益的。让我们看看我曾经教过的一些学生对自己在校学习期间成长的感受。

> 我对许多事情有了更深层次的理解：我从何处获得动力，通过什么渠道收集信息，如何做出决定以及怎样处理外界压力（在别人面前如何表现）。我也学会了当我束手无策时该如何自我管理。（学生评论1）

> 我一直很擅长视觉思考。当我无法理解某些信息时，我会将它们拆分开来，并将信息填进表格或可视关系图中分析，直到我理解为止。我也喜欢课堂上的小组活动。这些活动有助于我们联系社会实际，建立伙伴或共享关系。我们还可以通过这些活动研究其他兄弟团队所处的情境。这些都是我举双手赞成的。"集体意识构建"在很大程度上帮助了我。我现在也掌握了意识构建的方法。（学生评论2）

我的学习方法已经有所改善，但基本与我当初攻读商学硕士课程期间的学习方式一致。能够发现并更好地理解自己的学习风格让我受益匪浅。现在我认识到自己的学习方法没有问题，别人的学习方法也和我的相似。如果说有什么区别的话，作为一名成年学习者，我还拥有自己作为商人和运动员的身份所带来的一些隐性知识，因此可以更加迅速地适应其他的学习方法。（学生评论3）

虽然我有学习的主动性，但过去我总是没有足够的勇气来做类似于课堂展示这种需要胆量的事。这一单元让我更加有勇气了。（学生评论4）

我的迈尔斯·布里格斯（Myers Briggs）性格类型测试（ESTP）的结果是挑战者型人格，现在我认为自己的性格类型还不错。我热爱学习，但我的学习方法似乎背离了传统。现在我知道这是正常的！我头脑中的隐性知识与编码知识是极为宝贵的。我会以某种形式继续我的学习。这让我兴奋不已。（学生评论5）

所选评论都体现了学生的自我发现意识。这些学生的收获并不局限于内容而更倾向于自我成长。鉴于培养创业精神过程中个体所占的中心地位（Aldrich and Martinez, 2001），在该过程中学生能够将自己视为学习者与表演者是至关重要的。我在本书和另外一本书中（Jones, 2011）都表达了这方面的思想倾向，但这并不能作为论证理想毕业生类型的依据。如果从世界范围来思考这个问题的本质，很明显，我们今后会听到越来越多不同的声音。

培养何种类型的毕业生？

参加国际教育者调查Ⅱ的学者提出了与研究生创业教育相关的几种

联系紧密的毕业生类型。图 4-1 列举了这几种类型；范围既涵盖了更具商科专业知识的优秀经理人或学生，也包括具有创业精神并能真正创业的毕业生。最常见的毕业生类型是更广义地具有创业精神的学生。正如来自英格兰哈德斯菲尔德大学的凯莉·史密斯（Kelly Smith）所言，有创业精神的人能够发现机遇，并在他们的工作、研究或生活中创造机遇。或者又如挪威诺尔兰大学的拉斯·科尔沃雷德（Lars Kolvereid）教授所言，毕业生应该具有革新精神和创造力，能够以行动为导向主动寻求机遇。

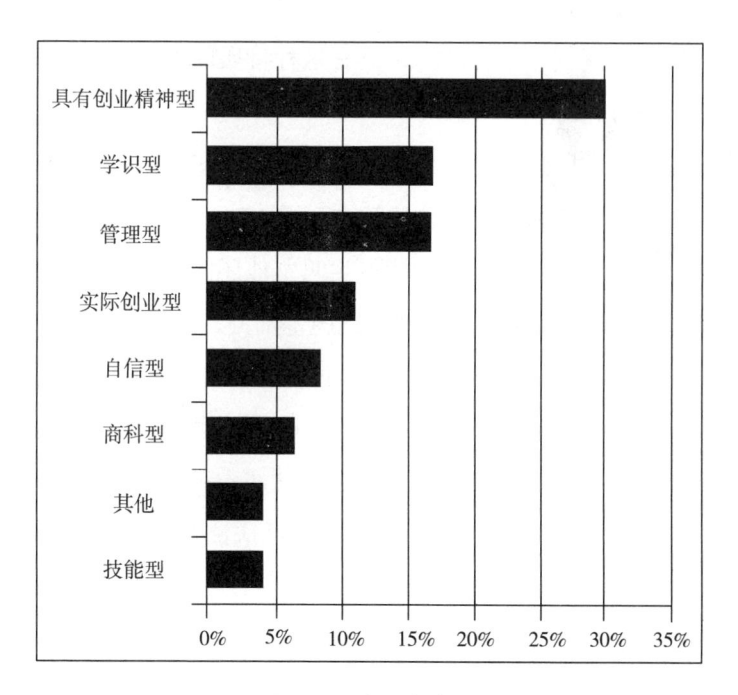

图 4-1　毕业生类型

显然，受访者所处的环境很重要。例如，澳大利亚斯威本科技大学的亚历克斯·马瑞兹（Alex Maritz）副教授就在他教授的研究生创业和创新课程中见证了真正的创业者的发展过程。然而在自己教授的其他研究生课程中，亚历克斯看到的却只是培养创业意向的需求。就培养创业者而言，美国西伊利诺大学的贾尼丝·盖茨认为要培养具有必要技能的毕业生。这些技能包括计划、创办并经营一家小型公司。而就创业意向来说，学生群体内部的差异将会明显影响上述目标。英国伯明翰城市大学（Birmingham City University）的安妮特·诺丹（Annette Naudin）没有提出任何特定的毕业生类型，理由是其学校拥有很多高水平的国际学生，因而范畴太过宽泛，难以定义。因此，她认为应该培养一种更为积极的态度，即培养具有创业精神的学生并不一定就是为了创办企业。或许澳大利亚南澳大学的彼得·巴兰（Peter Balan）的看法兼顾了上述观点。他倾向于培养具有创业精神的人，具有这种特质的人会更乐于与创业者一起创立新公司。

让我感到非常欣慰的是，调查结果显示，许多受访者表示出对学识型毕业生的支持。英国林肯大学的戴维·雷（David Rae）教授提出了自己的疑问。难道只有一种类型的毕业生吗？他还补充问道，培养适应力强的学识型人才是否可行？在这些问题的基础上，英国剑桥大学的简·诺兰（Jane Nolan）博士提出要培养具有批判性思维和反思精神的学习者，因为他们能够坚持不懈地学习。同时，具有较强的自我效能感（self-efficacy）也是他们的一个优点。澳大利亚斯威本科技大学的苏珊·拉什沃思（Susan Rushworth）表示，理想型毕业生应该是拥有自我导向（self-directed）能力的成年人，他们能够调整自己的发展方向。上述各种观点使我对这个问题的深入探究增添了信心。

最后一种毕业生类型是自信型毕业生。新西兰梅西大学的比尔·柯克利（Bill Kirkley）看到了培养这类毕业生的价值。因为他们独立意识强、有抱负，相信自己能够针对新机遇提出有创造力和创新精神的方案。同样地，爱尔兰凯米商学院（Kemmy Business School）的布里加·海因斯（Briga Hynes）博士在尝试培养多才多艺、具有创造力又自信的毕业生。他认为这样的毕业生能够在其所从事的领域中为社会和经济做出贡献。

总之，对于研究生创业教育到底应该培养何种类型毕业生的问题，各家观点不尽相同。而我发现，"受束缚的冒险者"概念也在其中占有一席之地。重要的是，如前文所述，我能够想象到"受束缚的冒险者"在我的教育目标里的重要地位，也清楚在培养该类型毕业生时我本人所扮演的角色。为了让学生迎接挑战，我要仔细思考这门课程的本质。在本章的最后，请大家再一次深入反思自己对这个问题的认识。究其本质，教育者的自信程度取决于其所授课程与最终培养目标之间的一致性。

培养你心中的理想型毕业生

我认为创业教育与商学院的课程联系过于紧密，这确实掩盖了该课程对社会做出的潜在贡献。商学院往往只注重来自书本的知识和其他的已知事实。如果理想型毕业生是一部能说会走的百科全书，也许这种教学模式是有意义的，但我还从没有遇到任何一位百科全书式的创业者。从这个角度看，教育结果涉及知识和能力、教育者传授知识的能力、学生对知识的（至少是短时性的）吸收能力以及对学生学习结果的评估。然而我认为上述做法对创业教育来说并无借鉴意义。

创业教育目的在于实现转变，培养学生能够通过极富想象力的重组和（或）创新性思考来创造新事物。更重要的是，对于学习创业教育课程的研究生来说，他们处于"成长的危难期"（Kegan, 1994: 293），因为他们的实际目标与他们在生活中发现的新事物以及随之产生的机遇之间是有冲突的。但这也许正是个好机会。他们不必全盘接受别人认为有用的信息。相反，他们可以寻找与自己实际目标相关的信息，也可以通过结合自己的人生追求，对这些信息进行总结和提炼（Hart, 2001）。研究生需要更好地理解自己的种种经历，亲自体验创业，并对自己的创业行为和创业结果进行批判性反思（参见 Taylor, 2000）。

对于我的观点你接受了多少？或者即使我们的观点统一，你是否觉得我的观点会妨碍你满足学生的发展需求？你又如何实现自我发展？关于理性冒险者和受束缚的冒险者的看法只是我目前的想法。大家不必把这些想法当作标准或典范。它们就像展示我内心想法的窗子，也许会引发大家的思考。你们的理想型毕业生是什么样的？有没有一种可以衍生出其他类型的基准类型？还是你们对于理想型毕业生的定义已经受到体制的羁绊，认为毕业生应该是一部能说会走的百科全书？当然，即使如此，至少也得在他们"电量充足"时才行得通。

无论是立刻开始新的旅程还是验证过去曾经走过的路，大家最好还是要先尽量多阅读一些关于学生培养的文献。作为教育工作者，我们有幸能够全面了解该领域中的不同观点。我们面临的挑战依然是要寻求一个两全其美的办法，既能帮助教师顺利进行教学，又适用于学生的学习环境。就像教学理念一样，我们心里通常都会有一个完美的毕业生形象，只是从没有人要求我们明确指出这类学生应具备哪些特质。描述理想型毕业生的意义在于，它可以帮助你清晰地回顾自己预设的理想型毕业生形象。如果你能在脑海中勾勒出一幅关于学生和他们各自学习途径的画面，你就可以着手设计课程大纲并提供与之相配的学习环境。

对于学生使用过的或将要使用的学习方法，教师的影响微乎其微。我们面对的不是面带稚气、等待光明坦途的本科生，向我们寻求帮助的是那些为生活所累的研究生。这对我们来说既是一份特殊的礼物，也是我们在努力成为优秀教育者的过程中遇到的另一项挑战。我将在下一章中着重分析这个问题。

第五章　发掘学生经验

> 在任何课程中，共同学习和向他人学习都非常重要且必不可少。这样的学习方式形式多样，作用广泛。少了这种学习方式，学生得到的教育就是匮乏的。（Boud, 2001: 2）

2006年，我有幸能在哈佛商学院停留几日。当时一位就职于哈佛商学院的朋友邀请我去观察他们是如何进行案例分析的。他们的案例分析法在很多方面都令人印象深刻，但最令人难忘的是学生能够互相学习。本章对我们整体论证学生的发展起着重要作用。

初到哈佛商学院，我游览了美丽的校园和怡人的周边环境。之后我回到宾馆房间，潜心研读第一个案例。这个案例涉及问题之广和案例本身的复杂程度令我困惑不已。后来，因为时差问题我睡着了。这把我从那些堆积如山的数据和错综复杂的案例细节中解救了出来。我醒来时很兴奋，因为自己有幸亲身体验案例分析法。人们对案例分析法褒贬不一，有人为之鼓掌喝彩，而有人却不以为然。当时我坐在教室后排，看着我的朋友巧妙而熟练地引导学生阐述个人观点并得出最终结论，整个讨论流畅有序。下课了，学生们鱼贯而出，黑板也被擦得干干净净。而我却意犹未尽，我对学生观点的多样性、论证的深度以及决策的清晰度感到震惊。我暗自思量，这些学生一定是精英中的精英。

在这些很可能成为美国商界未来领导者的精英面前，我真的自叹弗如。哈佛商学院是如何吸引这些才华横溢的学生重返课堂的？这些学生怎么会对商业有如此细致全面的了解？这样连贯流畅、结论明确的课堂教学，我的朋友是怎样设计出来的？这些学生在完成了今天的任务后，又该如何应对第二天更复杂的案例？接下来几天的课程解答了我的这些疑问。最令我感到高兴的是，我终于知道学生是怎样了解各种商业知识的了。

当我漫步走过斯潘格勒大楼（Spangler Hall，学生的主要居所，同时也是他们发挥创业才能的商业中心）时，我偶然走进了学生休息室。在那里，我遇到了很多友好的学生，他们满足了我的好奇心。事实上，我一边提问题一边观察，"窥探"出了哈佛商学院的秘密。这些学生并非是由于天赋异禀才被录取的。当然，他们在各自领域里表现不俗，并且他们本科阶段的表现也非常优秀。但是，我在研究案例的过程中发现，学生之所以能够拥有较大知识储备量，更多是他们互相合作的结果。

哈佛商学院是与众不同、独一无二的，因为优秀的学生在这里有机会了解其他学科的专业知识并学为己用。物流、会计、经济、市场营销、信息系统、运营管理等领域的精英人士可以在学生休息室里畅谈。每个人为案例分析做的准备工作通过良性互动得以迅速扩展，这是一个持续互利的过程。哈佛商学院仿佛一直在耐心等待，直到学生拥有足够的专业知识和技能，再将他们聚集到一起。如果我们也能拥有这样博学且有天赋的学生该是多么幸运的事情。

社会因素

事实上我们可能永远不会如此幸运，但这并不重要。最重要的是我们要理解社会互动和知识共享的价值。很明显，即使我们的学生认知能力不如哈佛商学院的学生，他们也一定会从彼此身上学到很多东西。事实上，我们的许多学生比哈佛商学院的学生工作和生活经验更丰富。问题的关键在于我们要意识到这一点并将其运用到教学实践中。

让我再讲述一个近期发生在某个班级的故事吧。这个故事证明了我们的学生也可以有所作为。我在一年中和这个班的学生进行了两次研讨。在研讨中，我向学生介绍了意义建构的框架（我将在第八章对此进行深入讨论），并且努力让学生认识到建立对社会媒体的信心可能会给他们带来机遇。课堂以学生进行自我介绍、简述自己的成年生活和对本门课程的期待作为开场白。最近，班上的一位同学做自我介绍时态度很谦逊。我想，这可能是因为他对当地市长和其他公众人物怀有敬畏之情吧。他说自己是一名建筑工人，最近一直在玩社交媒体的粉丝页面。我们当中没有人真正了解那是什么。因此，我们没有深入探究他的这个兴趣，而是继续听下一位同学的自我介绍。就在那一刻，我们错过了一个学习机会，没能发现社会媒体中也蕴含着机遇。

几周之后，当学生再次回到课堂时，我要求他们做一个比较直接的演示：详述自己的创意以及该创意对本地区的意义；讲述自己对意义建构框架的理解，并且说明运用意义建构框架后，自己的创意有何改变；未来实现该创意时可能面临的挑战。接下来发生的事情是任何一位教师在其职业生涯中都难以忘怀的。

那个玩粉丝页面的学生开始讲述他的冒险之举。他对粉丝页面十分感兴趣，并为一位因为参加英国电视台一档达人秀节目而出名的新人建立了一个粉丝页面。此举大获成功，他也由于这一新技能和与新人的直接互动而受邀前往英国与他的团队见面。这位建筑工人的天赋以及他对那位新人的发展的浓厚兴趣终于使他本人也备受关注并得到了回报。

目前，这位前建筑工人正忙于为这位新星安排活动，他还准备把业务扩展到其他国家，为更多新星服务。在社会媒体领域，他已经成为了同学中的权威人士。当我邀请他来为学生做指导时，他仍然很谦逊，也很乐意提供帮助。他的成功案例不太可能被复制。然而，这却证明有些学生起初看来似乎缺乏远大志向，但他们却有促进集体发展的潜力。

到底是什么妨碍了我们寻找这样的智慧并使之在学生群体中发挥作用？我们知道学生是有个体差异的，也知道他们在不同的甚至互补的领域里发挥着自己的才智。我认为主要的问题在于教师在课堂中的角色定位，究竟是作为教育者还是更广泛意义上的促进者呢？

"示弱"的力量

我在之前出版的一本书（Jones, 2011: 13）里借鉴了帕克·帕尔默（Parker Palmer）的观点，"好的教学不仅关乎方法，更多的是教育者对自己的了解和信任程度。教师需要对学生和自己所处的教学环境示弱"。教育者应该鼓励学生将想象和反思结合起来，帮助他们探究真正复杂的事物。我觉得教师更像是学生集体行为的监护人。是教师将学生引入课堂，也是教师规定学生小组做演示的深度。教师是否愿意向学生示弱很重要。这是件好事，因为除了教师授课，学生也可以为彼此的学习注入新的东西。

不以教师自身的认知基础为标准束缚学生的学习，我认为这是优秀教育者的标志。我们诚挚地告诉研究生们，我们期待与他们相遇并愿意向他们学习。我们一直叮嘱学生，不要只是被动地上课，要做主动的学习者，学会在课堂上与大家分享。人们认为，最好的老师应该"乐于发现和欣赏学生的个人价值"（Bain, 2004: 72）。你是这样做的吗？你明确告诉过学生，你自己也需要他们的帮助吗？就像在战斗中，单凭战舰上的一位英雄领袖未必能打胜仗，我们需要集中船上所有人的力量才能取得胜利。在这方面，国际教育者调查Ⅱ的受访者提出的看法十分耐人寻味。

全球视野

国际教育者调查Ⅱ中的一个问题是：教育者应该如何更好地利用研

究生的生活经验给学生群体提供更多的学习机会？美国阿肯色中央大学（University of Central Arkansas）的唐·B.布莱德利三世（Don B Bradley Ⅲ）教授道出了一个最简单的方法，那就是让学生互相分享经验。同样，英国温彻斯特大学（University of Winchester）的洛基·洛米恩(Loykie Lomine)博士也认为，通过课堂活动，为学生制造机会让他们运用和分享知识很重要。英国纽卡斯尔大学的凯蒂·雷采用了朋辈辅导（peer-mentoring）模式，即让研究生辅导本科生并根据取得的成果和反思获得学分。这种方式能够明显提升研究生的知识水平。美国西伊利诺伊大学的贾尼丝·盖茨支持这一做法。她说自己有一个研究生和本科生的合班，研究生总是很愿意分享他们的经历。此外，她还通过研究生联系演讲嘉宾。英国剑桥大学的简·诺兰博士也表达了类似的观点，她赞成建立互助性团体，以便分享和反思经验。

澳大利亚斯威本科技大学的苏珊·拉什沃思博士将这些观点加以扩展。苏珊赞成邀请演讲嘉宾，鼓励任用研究生对本科生进行辅导，并与班级同学分享经验。她认为如果能够在这个过程中建立信任，就会形成有价值的、个性化的学习经验。新西兰梅西大学的比尔·柯克利博士也赞成让学生参与讨论、挑战练习和反思性实践。学生在整个过程中运用这些经验并使之回归到学习环境中，这会产生显著的学习效果。当我认真思考最后两位教授的观点时，脑海里出现了"示弱"的概念。苏珊提出了信任的问题，比尔提到了经验个性化和经验回归的问题。以下言论则明确了另一个要素——失败，我认为这也是本讨论的中心问题之一。

企业家兼西澳大学特约讲师艾丽西亚·卡斯蒂略博士认为，如果我们能首先帮助学生认识到个体是独特的，而且在某种程度上说，所有个体都是正确的，那么多样性就是有益的。她还认为，我们要让学生看到，失败同时也孕育着可能；这对澳大利亚和欧洲国家的意义更为重大。艾丽西亚曾经给学生推荐卡萝尔·德韦克（Carol Dweck）2006年出版的《心理定向与成功》(*Mindset*)一书，以帮助他们意识到学习本身（无论成功或失败）是一个不断提高的过程。澳大利亚城市小企业中心的托尼·沃茨（Tony Watts）提出了类似的看法。他认为我们不能只是单纯地利用人们的生活经验，而是要在此基础上建立自己的经验，反思哪些经验是有用的，哪些经验是没用的。他认为该过程中最难的部分是让学生理解有益性失败（productive failure）的概念。同艾丽西亚一样，他认为从文化角度上说，澳大利亚人对失败的价值还没有足够的认识。

  我认为这很重要。作为教育者，我们在帮助学生完成有挑战性、有望带来效益和变化的任务时，首先要确保学生有安全感。显然，转变学生的想法并不是件容易的事。我们要赢得他们的信任，让他们亲身体验环境。澳大利亚南澳大学的彼得·巴兰用研讨练习代替了许多讲座课。也就是说，在他的研究生课堂中，学生大部分时间在讨论现实问题，这些问题可能是启动某项新技术或是创办一个社会企业。这使研究生有更多机会检验自己和别人的想法与经验。我认为，这种方式伴随着一个社会性过程，让学生学会互相尊重、彼此欣赏并培养友情。英国伯明翰城市大学的安妮特·诺丹也建议，教育者要积极主动地制订计划，给学生提供更多讨论和演示的时间。从本质上讲，她的观点就是倡导教师由传统角色转变为促进者。

  最后，加拿大全球信息经纪人公司总裁莫妮卡·克罗伊格对各家观点进行了总结：通过学生自行设计方案并进行公开演示的方式促进研讨会的开展；要求学生整合生活经验，并进行自我反思和自我评价；联系世界各地的学生，让他们能够分享经验，更具国际视野；识别并接近社区中的创业者，进行真实的案例分析；从生活经历中寻找机会。纵观所有调查问卷，受访者都意识到了教师的角色正经受着考验。为了让学生更多地参与学习，我们必须迎合他们的期待，改变教师的传统角色。在我看来，要实现双方共同利益是离不开学生多样性的促进作用的。

显现学生多样性

我在另一本书中（Jones, 2011）论证过，作为创业教育领域的工作者，我们最有可能接触到学生多样性问题。在研究生教育背景下，我的假设不仅得到了肯定，而且得到了进一步发展。如何有效地利用学生多样性？如何利用多样性在团队中建立信任，消除学生的恐惧？许多受访者提出了反思的重要性。我完全赞成，这是一个非常重要的过程。通过反思训练，学生不仅可以内化自身的学习，还可以内化其他同学的感受以及他们带来的挑战。

经验告诉我，学生多样性是增加学生学习机会的有力工具。我采用小组意义建构（group sense-making）的方法，帮助学生解除戒备，使他们融入一个相互信任并可以深刻自省的集体。我要求他们进行元反思（meta-reflection），而不是单纯地对某一个与他们有关或会对其产生影响的问题进行反思。

小组意义建构的目的是使学生认识到彼此之间的相似点和不同点。从本质上讲，我就是想用这些相似点和不同点辅助学生学习。这个方法有助于加深学生对个人感受和他人感受的理解。整个过程由四个阶段组成，通过情境陈述向前推进。情境陈述给教育者提供了一个激励手段，教育者可以关注整个过程。四个阶段具体如下：

第一阶段

教师要求学生确认并记录对于该情境陈述的个人感受。他们的感受可能不止一种。因此，他们要把矛盾的感受和（或）随着时间推移而改变的感受也记录下来。重要的是，学生不仅要记录下假设性的或描述性的感觉，还要记录下他们的真实感受。

第二阶段

读过其他同学的情感描述后，每个学生现在要尝试借助所有参与任务的组员的观点理解该情境陈述。他们要比较在个人感受基础上建构的意义和在班级同学集体感受基础上建构的意义。这种对比分析可以包括对个人信仰、性情、经历和态度的探究。他们要进行总结，明确陈述他们的观点。

第三阶段

在这个阶段，学生要向未参与前两个阶段的人寻求意见，从而验证自己所做的情境分析。换言之，此时情境陈述的意义要通过参考他人的想法和观点和（或）通过自我反思得到确认（或否定）。

第四阶段

在这个阶段，学生要说明情境反思是如何影响他们理解和处理问题的。任何价值观、信仰、态度和（或）一般意识的改变都要记录下来。

以下评论生动地展现了一位学生经历了四个阶段之后取得的进步。这个情境陈述实例（见附录2）的主题是"你对社会上不同创业者类型和光荣失败（honourable defeat）的看法"。

第一阶段

该情境陈述让我感到备受鼓舞，因为它说明创业不仅是那些最具天赋、最有能力和最聪明的人的专利。曾几何时，许多典型的个人主义者和白手起家的创业者都笃信英雄主义，而现在人们则越来越相信人人都能创业。

但使我感到沮丧的是,学生个体多样性的概念被贴上了各种标签,如工人、雇员、救助者或创造者。这些都是社会偏见的反映,通常是由于过度简化和无知造成的。这些不应该出现在大学课堂里,因为大学应该是学生寻求知识和锻炼能力的地方。

最后,我对那些选择光荣退出的人并不感兴趣,因为选择是否将学到的东西应用到生活中是他们的个人权力。但学完这个单元后,大家会相信我们对创业将有一个更广义的理解。我也希望本单元的学习结束后,人们会打破过度简单的创业定义,不再用"一刀切"的态度对待创业行为。(学生 A 第一阶段的评论)

第二阶段

读了其他同学关于该情境陈述的感想,我发现即使在一个小群体中也存在不同的、复杂的反应。也许同学们对于创业的看法与社会的普遍认识是一致的。出于世代的偏见和对个人成功的追崇,人们往往会用金钱衡量成败。此类报道在当今社会媒体宣传中屡见不鲜。

创业是少数有天赋的机会主义者的选择,还是适合更广泛的社会群体?对此大家看法不一。我对 Z 同学的观点比较感兴趣,他认为创业的英雄式定义本身具有局限性。而我认为很可能有些人就被这种英雄式创业的定义吓到了。此外,Y 同学的观点与我的不谋而合。他也认为创业不一定要"赚大钱",而且创业也绝不是一个放之四海而皆准的简单概念。

同学们对光荣退出的看法也各不相同。有人认为这是一个简单的出路,或者是那些对生活失去信心或找不到动力的人慵懒度日的借口。对于这种观点,我和我的一些同学未敢苟同。我们并不认为人人都能成为创业者,因为其中还涉及社会和经济态势优劣以及我们拥有的机会是否均等等问题。但是有些人则反驳说,机会是不受个人的社会——

经济因素影响的。几位同学表达了他们对个人被贴上集体标签的担忧，认为那是不灵活的、狭隘的。我赞同这个观点，但还有部分同学是接受这种做法的。

当我读其他同学的感想时，我发现这些记录表明同学们对创业有着不同的理解，这与社会对创业的普遍认识相一致。这并不令人感到意外，因为人们对创业这种宽泛的概念很可能会产生不同的情感，而对创业的理解也可能由于预设条件和当代社会的影响而产生偏颇。对某些人来讲，创业意味着获取个人成功和金钱利益；而对另一些人来说，创业可能是社会性的，是一种想要引发改变的愿望使然。我认为，无论是创办私有企业还是公共事业，我们可以在社会众多领域里进行尝试。同时，创业可以由个人或团队发起，而创业的目的和目标也不尽相同。（学生 A 第二阶段的评论）

第三阶段

我让妻子阅读我的情境陈述，并告诉我她的感受。她认为该情境陈述的中心思想是，创业的门槛并不是很高，每个愿意努力工作追求梦想的人都可以设定目标，尝试创业。她并不认同只有精英才有创业机会的说法。确切地讲，创业应基于功绩和成就。她说每个人都可以找到自己的创业途径，只要头脑灵活，不拘泥于老路，就可以找到几条甚至更多途径。她还认为性格特征是一个人选择何种道路的决定性因素。比如，有些人敢于承担风险，而有一些人则比较保守，不同的性格类型会影响创业结果。她接受多样性理论，认为那些标签并不重要。

她的评论印证了我对情境陈述的感受和观点。总之，我们都认为典型的个人主义者和白手起家的创业者不足以涵盖广义的创业者定义。此外，她肯定了我的另一个观点，那就是标签不重要，选择什么样的道路是每个人自己的权力。但她觉得创业完全取决于个人因素，这一点我并不认同。到目前为止，我仍然认为社会和经济因素会对个人创业成功与否产生影响。她关于性格类型的看法很有趣。此前，我没有考虑过这个方面，所以她也帮我拓展了思路。(学生 A 第三阶段的评论)

第四阶段

这个过程很有趣，也证实了我最初的观点。这些观点受到我的价值观影响。但是，我很乐于倾听别人的想法，因此我对这个问题有了更深刻的理解和反思。不同的声音证实了我的观点。首先，创业是一个广义的概念，不应该被轻易地贴上标签。社会过度简化了创业的概念，人们用金钱利益来衡量创业的成败。这很可悲，也造成了创业者的定义被局限于典型的个人主义者和白手起家的创业者的范畴。经过反思，我认为在整个过程中，重要的并不是寻找和自己相同的观点或情感态度，而是要对问题进行多方面探索，从而更全面地理解这个问题。(学生 A 第四阶段的评论)

学生 A 的评论表明，接触学生多样性的过程让他本人受益匪浅。正如我之前讲过的(Jones, 2011)，作为教育者，能近距离观察整个过程很有意义。学生不仅要进行自我反思，小组意义建构更有助于学生和教育者从多维视角分析问题。我可以积极地利用小组意义建构，通过精心设计的情境陈述逐步提高学生的学习结果。我相信这一过程会促使学生发生真正的转变。而我始终面临的挑战是让学生意识到多样性能够给他们的学习带来益处。

扮演促进者的角色

总的来说，本章向读者发出了一个挑战，它会检验你是否有决心成为最优秀的教育者。教育者往往心怀忧虑,学生也是如此。当我们要求学生担任起教师的角色、成为学习促进者时,更容易产生这样的恐惧。你要怎样做才能赢得学生的信任?需要采取什么措施才能使他们彼此信任?当学生遇到挫折或感到沮丧时,你又该如何帮他们创建一个彼此信任、相互支持的环境?

也许在下一章你会找到一些答案。我相信,在一个多样性凸显的学生群体中,成为学习促进者需要我们进行横向思考。此外,我们还要想清楚,对于学生的学习体验我们又了解多少。如果你已经考虑到了这些问题,那么我想你已经具备了一定的研讨能力。现在让我们将注意力转向"扩展的学习环境"。

第六章　扩展的学习环境

> 毫无疑问,教学的重心应该是学习的学生,而不是讲课的教授……然而……教师却拥有创造条件的权力。这是一把"双刃剑",它既可以帮助学生学到更多知识,也可能会成为学生学习的障碍。(Palmer, 1997: 7)

现在人们往往会对课堂提出质疑。我们或应运用翻转课堂教学模式(Bergmann and Sams, 2012)和科技手段使自己的课堂免受"慕课"(大规模在线公开课)的威胁,或应经常设计一些非传统模式的师生互动。无论我们如何应对这些问题,有一个事实是无法改变的:我们有责任为学生创造最有利的学习条件。比如设立物理实验室,提供网络资源,安排互动时间促进学生思考以及为学生提供探索空间,等等。我们曾经认为理所当然的事情,如今都需要重新加以思考。

本章虽然篇幅不长,但其重要性不容忽视。信任往往是在互动过程中建立起来的,我们努力扩展学习环境会对创造互动模式产生很大影响。比如,有时候当你在旅店里跟别人喝酒时也会发生特别有意义的互动。有一次,我就在一个距离我家四个多小时车程的地方"上"了一堂研究生课。我在那个地方住了两晚,并联系了曾经教过的学生,邀请他们出来喝一杯,叙叙旧。我这么做有两个不同却又相关的理由。其一,我可以与教过的学生保持联系,了解他们现在的工作状况,从而发现哪些早期教学活动使他们获益最大。其二,我也邀请了我的新学生,并把他们介绍给他们的学长。他们之间的谈话减轻了我不少负担。因为年轻学生对面前的挑战有着种种困惑和不解,在"前辈"的指点下,他们的思路会变得更加清晰。虽然负责联系我所在学院、学生和我本人的官方机构并没有记录这次特别的交互课堂,但也许他们应该予以记录,因为这种交流正是整个互动教学过程的价值所在。

简言之,我们不能想当然地认为自己能够完全掌控或者注意到那些对学生来讲十分重要的东西。随着我们越来越重视反思性训练,学生在没有教师现场指导时独立解决问题的能力大大增强了。这种方法是正确的,因为当情境学习与生活同步时,学习者面临的是自己选择学习的时间和地点。而我们所能做的就是格外注意学生在完成任务时需要何种思维过程,同时保证自己支持他们的想法。我们还要承认,每个学生在个人发展过程中的起点是不同的。

德拉戈-西弗森(Drego-Severson)在他的著作里(2009: 33)列举了许多耳熟能详的成人发展理论。其中有一个理论特别值得一提,即建构性发展理论(constructive development theory)。该理论"主要研究人是如何成为个人认知、情感、人际关系和内心体验的积极的经验意义制造者的"。在该理论中,"自我管理"的作用格外重要,而"自我管理"也是我提出的"受束缚的冒险者"概念的一个组成要素。从某种意义上说,学习环境必须为每个学生提供个性化的适应性挑战(adaptive challenges)。想要在这种环境下成功应对挑战,学生"需要采取新方法,也需要不断提高发展能力"(Drego-Severson, 2009: 275)。

基根(Kegan, 1982)提出的建构性发展框架能够使教育工作者和学生共同参与学习活动。师生双方可以清楚地认识到如何界定学习者以及如何明确学习目标。关键的问题是,学习环境必须提供足够的物质和精神空间,帮助学生实现自我转变。我在另一本书中(参见 Jones, 2011)提到过比尔德和威尔逊的著作(Beard and Wilson, 2002)的价值。我认为在本章的讨论中，他们的观点具有很大的潜在价值。承认学生能够通过不同的途径了解建构性发展框架是一回事，而设计出能够满足学生个体自我发展的学习环境则是另一回事。

在之前的章节里，我们已经讨论过诸如动机、多样性、体验式学习的重要性，以及学习者的个人背景等内容。当我们思考学习环境时，我认为这主要针对的是学生的学习环境，而不是教师的教学环境。学生取得的进步大多来自于其内部动机和社交能力。创业可能是一段孤独的旅程，自我发展也是如此。让我们来进一步研究比尔德和威尔逊（Beard and Wilson, 2002）的思想。

产生影响的三个维度

比尔德和威尔逊二人著作（Beard and Wilson, 2002）的核心是希望了解教育者是如何激发学生的感知，以及如何确保他们进行更深入的思考和学习的。他们的视角很独特，关注学习者的外部世界（the outer world）、学习者的感觉界面（the sensory interface）和学习者的内心世界（the inner world）几个层面的问题。在学习者的外部世界里，教育者应该认真考虑开展具体学习活动的地点。因此，我们要提供可能会影响学习过程的新型因素。例如，让重要的利益相关者判断个人创意是否可行可能会对初期创业者造成伤害。试想，我们站在学生的角度思考，他们可能会在何处遭到拒绝或遇到挫折？试想，一个人为了挤出时间实现自己的创意而试图逃离日常生活的禁锢，他将要面对什么样的挑战？试想，站在一位知名的创业者面前，你是否会感到自己微不足道？学生在扩展的学习环境中会遇到许多困难，这只是其中几种情况。这些因素不是典型的教学法术语，但是它们确实存在。有时候，我们必须承认自己无法掌控学习发生的地点。

作为教育者，我们面临的最大的挑战就是要创造有意义的活动，吸引并鼓励学习者接受挑战。这些活动既要适用于整个学生群体，还要能够有针对性地考查学生个体。同时，我们还要保证这些活动能够为所有学生提供一个相对平等的起点。当我们考虑到学生多样性问题时，这项任务就变得艰巨了。从本质上说，我们要设计出能够帮助学生积累经验的活动，因为经验是学生自我发展的核心。当然，我们还要提供丰富的活动，让每个学生都能在活动中运用已经掌握的技能并掌握必要的新技能。我们已经讨论了在哪里创造学习环境和创造什么样的学习环境的问题，现在是时候思考学生将如何体验这样的学习环境了。

现在让我们来思考学习者的感觉界面。在扩展的学习环境中，如果教师只是起到促进者的作用，那么学生依靠哪种感官为自己寻找方向？他们会依靠自己的语言能力吗？他们会依靠自己的耳朵和（或）眼睛吗？他们会依靠自己的勇气和（或）直觉吗？我们能设计出需要多种感官共同运作的任务吗？比尔德和威尔逊（Beard and Wilson, 2002）指出，当学生在某项活动中综合运用多种感官时，更多的神经联系得以建立，他们对于学习经验的记忆也会随之增强。显然，我们设计考验"学生能做什么"的活动时也要考虑到"他们该如何去做"的问题。

接下来我们要探讨的是学习者的内心世界。在此我们必须保证学生的努力是发自内心的。我们要消除他们心中的厌烦和恐惧，要激励他们相信自己有能力应对并完成我们设计的任务。我相信这非常重要。我之前在小组意识建构的过程中积累的经验已经让我走进学生的内心世界，了解他们对于完成各种任务的不同感受。重要的是，这些观察也促使我思考如何在某些方面改变或保留我设计的学习任务。

了解学生的感受让我更加理解了他们的思维方式，也让我看到了他们思维的多样性，并且督促我为他们找到向彼此展示自己聪明才智的方式。我要再次申明，作为学习的促进者，我们有机会仔细思考学生的思维类型，同时也可以在培养学生的过程中受益。

最后，我们要探讨的是该如何鼓励学习者实现改变。在第三章中，我们讨论了困难程度、动机状态（motivational state）以及利用成人大脑可塑性（brain plasticity）进行反馈等内容。不管你选择哪种方式，如果你和你的学生把学习看作是一个改变的过程，并把体验与反思相结合，一定会激发学生产生改变的渴望。这个问题很复杂，我只是介绍了比尔德和威尔逊（Beard and Wilson, 2002）的主要观点，而并没有对其做出评判。希望我已经引起了你对这些问题的兴趣。当我仔细阅读国际教育者调查Ⅱ的问卷时，我意识到这是我们所有人都要面对的问题。

全球视野

我注意到教育者面临着很多新挑战。越来越多的人开始使用网络科技、质量控制程序以及混合式学习方式。这些因素都在剥夺和（或）限制着我们对管理学生所处的或创造的学习环境的控制。澳大利亚财富集团的艾丽西亚·卡斯蒂略博士认为，教师在课堂上所讲授的太多了……她在课堂上并不长篇大论。她要求学生有备而来，不能只是简单地参与活动，而是要积极认真地参与。艾丽西亚会在课程结束时总结学生的收获。这也是我与其他教育者交流时经常谈到的话题：如何确保学生在活动中担当起我们为其预设的角色？

英国哈得斯菲尔德大学（University of Huddersfield）的凯莉·史密斯（Kelly Smith）发现，旷课的往往是那些不想参与互动的学生。凯莉会根据教学目标引入附加课程，为下个阶段的学习做准备。但之后的课程是选修课，学生的选课情况也不是很乐观。同样，美国加利福尼亚州立大学（California State University）的助理教授埃里克·利戈里（Eric Liguori）也发现，那些不上课的学生都不愿意参与活动。澳大利亚墨尔本皇家理工大学的苏珊·拉什沃思认为，这种旷课现象值得注意。她说，就授课内容而言，上课并不那么重要。但是就理论联系实际而言，课堂却是极有价值的。与其说是听老师讲课，不如说是互相学习。尽管学生可以借助社会媒体和网络学习，但是想要在线做到这种互动学习却是很难的。

对我们而言，另一个挑战与我们为学生设计的任务有关。德拉戈－西弗森（2009: 274—275）区分了技术性挑战和适应性挑战这两个概念。"技术问题是那些我们能理解并能找到解决办法的问题，即使在过程中我们需要向其他人寻求帮助。"适应性挑战"指的是我们对问题以及解决办法都一无所知的情况"。我认为我们面对的挑战是后者。例如，英国南安普敦大学（University of Southampton）的丹尼丝·巴登博士并没有将她的学生限制在教室里。她让学生构思创意，做市场调查和可行性研究，她还要求学生到企业实体中工作。这会使学生们接触到不同的价值体系。同样，英国谢菲尔德大学（Sheffield University）的埃琳娜·罗德里格斯－福尔肯（Elena Rodriguez-Falcon）提到，她的方法可行与否取决于特定的学生群体。那些选择参与课外活动的学生都大大地提高了自己的学习能力。

本章小结

学习环境及其多种构成元素在一般教育和成人教育领域仍有待进一步的探索和研究。既然我们倾向于采用体验式学习方法，并以鼓励学生发生转变和帮助毕业生树立信心为目标，那么我们别无他选，唯有继续探索。我简要介绍了比尔德和威尔逊（2002）的著作，希望能够藉此激励大家思考自己辅助创造的学习环境中的各种因素。而对于许多环境因素，我们既无法创造也无法控制，希望大家也可以接受这一点。这就是我们面临的最大的挑战。正如第三章提到的，学生可以通过一些机制改变并设计学习环境，从而适应学习过程，我们需要思考的正是这些机制。

第七章 资源配置

这世上有已知的已知，就是我们清楚自己知道哪些事。但也有已知的未知，就是说我们清楚有哪些事自己还不知道。更存在未知的未知，那就是说有些事情我们并不知道，而且没有意识到自己的无知。因此，当我们竭尽所能将信息整合后声称，这就是摆在面前的基本情况。但事实上，这不过是"已知的已知信息"和"已知的未知信息"的集合。然而，我们总能发现更多未知的未知事物，年年如此。（Donald Rumsfeld, 2002）

上面的引文看起来很深奥，事实上，它暗示了学生生活中始终存在的一些现实问题。我曾在《本科生创业教育》中表达过自己对那些二十来岁的本科生拥有的资源库的担忧，我并不确定这种担忧在研究生教育阶段会得到多大缓解。首先，让我们回顾一下关于资源库的基本知识。

资源库

能否抓住机遇成功创业取决于个人或集体掌握的相关资源库（Aldrich and Martinez, 2001）。资源库包括人力资本、金融资本和社会资本。有人指出，我们所掌握的信息、建立的人脉关系以及我们获取和掌控重要资源的能力会极大地帮助我们展现自己的创业潜力。此前我曾提出，这个看似合乎逻辑的观点如果应用于创业教育中，会产生一个致命缺陷（Jones，2011）。本科生和其他人一样，都面对着相同的现实，他们所追求的机遇逃脱不了现实的威胁。接受这个观点的创业教育者应该能够坦诚地指出学生应该在何时、以何种方式抓住创业机会。图7-1说明了我对于资源库开发（或资源库不足）的一些看法。我发现，本科生现有的社会、人力和金融资本与他们的愿景之间还有相当大的距离。这样的差距很难让他们梦想成真。

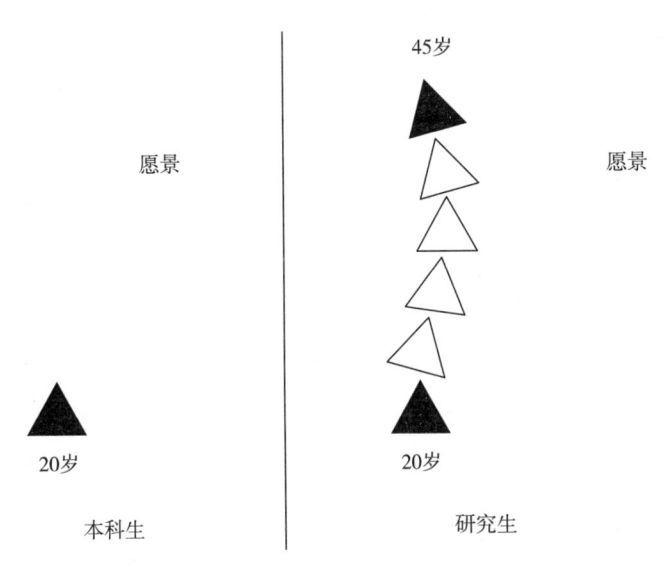

图 7-1　资源库比较

正如我在别处（Jones，2011）提到过的，我用了很多方法研究现实和愿景之间的差距问题。我要求学生思考差距的本质，以及如何弥补这一差距，从而升级他们的资源配置。我也给学生分配任务，让他们在真实的结果面前认识到自己资源的不足。这个缩减资源配置的过程有助于学生通过亲身体验，认清未来可能出现的差距。最后，我还要求学生思考怎样才能让现有资源适配于自己的创意。从本质上说，学生的创意应该是他们最终梦想的微缩版。

仔细观察图 7-1 右侧的内容，我们会发现，学生不断在生活中积累社会、人力和金融资本，但这些资本未必能对学生的某个具体愿景发挥作用。因此，纵使学生的社会资本和人力资本在总体上有所增加，但据此断定学生已具备创业能力还为时尚早。因为，任何资源库只有应用于某个具体创意时才能体现出价值。业内人脉关系和行业知识只能在特定领域中体现出最高的潜在价值，在其他领域里的价值则较低。

检验与培养深层意识

为解决研究生面临的资源配置问题，我启用了两个特定程序。如图 7-1 所示，学生的生活经验和能力各不相同。我面临的挑战是如何确保他们准确地辨别自己的愿景、认清实现该愿景所需的资源，并明确两者之间的差距（如果差距存在）。与本科生不同，本科生创业时没有什么后顾之忧；而研究生魂牵梦绕的梦想一旦破灭，他们将付出相当大的代价。

研究生普遍已经形成了稳定的价值观。通常来说，这些价值观在他们入学前已经决定了他们的愿景。有些愿景藏在内心深处有待发掘，有些已经浮出水面正在寻找方向，而有的已经是万事俱备只欠东风了。因此，我采用检验程序来探讨学生资源库及相应愿景的问题。下一章是本书内容最丰富的一章，我将阐述意义建构过程。学生可以通过意义建构过程，分析自己的能力与愿景和所处创业环境之间的关系。解释了意义建构过程之后，检验过程的实质也会更加明晰。现在，我们只需了解检验学生资源库的意义所在。我认为，只要让学生深刻地意识到初期创业者资源配置的重要性，我们就已经培养了学生合理规划资源的能力了。

我借助了课堂讨论和在线工具来探讨个体资源配置的重要性，确保学生认识到，个体加入团队并不意味着所有的个体资源都会融入集体资源库。我们还探讨了团队合作和合作伙伴关系既可能为创业者带来机遇，也可能设下陷阱。通常，学生群体里会有相当一部分人已经有了从商经验、与人合作的经验，和（或）曾经仔细观察过这两类人群。这足以为我们的讨论奠定坚实的基础。

目前，我们以学生熟悉的当地创业者为对象进行案例研究，并以他们自以为拥有的资源配置为出发点，分析他们成功或者失败的原因。用这个方法鼓励学生参与讨论总是屡试不爽。通常情况下，我对本地创业者的了解并不多，因此要靠学生寻找研究案例。很快，对某个成功或失败案例的不同看法便会成为辩论的主题。我会努力让学生认真思考大家提出的观点。现在他们已经掌握了创业这个话题的精髓，而我不过是一个记录员和推进者而已。

现在学生不再认为资源配置是一个古怪的理论，而已经可以就此表达个人观点了。因此，使这个理论个性化的机遇也就随之而来了。我让同学们上台演讲。你对什么事情怀有热情？什么创意能让你付诸行动？怎样才算拥有实现梦想的资源库？怎样你才会感觉有足够的动力实现梦想？找到这几个问题的答案才能确保我真正启动课堂教学，而学生也就可以真正开始学习了。这种方式能够让学生清楚地看到自身现状与梦想以及自以为拥有的相应资源之间可能存在的差距。

随着教学的展开，学生逐渐认识到了意义建构框架的其他元素。在这样几天的教学中，学生获得了表达激情和想法的机会，相信自己有一天会梦想成真。几天之后他们走出了课堂。现在他们已经能够从全新的视角看世界。他们接受挑战，检验自己是否具备实现个人梦想的能力。当学生重返课堂时，他们会交上一份答卷，汇报自己在周边收集信息时学到的知识。

此刻他们才真正意识到了理想与现实之间的差距，或者意识到他们还需要进一步的课堂研讨以帮助自己找到差距。也是在此刻，我的教学目的实现了，他们的真实处境也越来越明朗。他们也许已经拥有了改造周边环境的能力，也许还没有。无论是哪一种结果，或者最终结果介于两者之间，那都不是问题的关键，关键在于他们能否在需要的时候预见现实与理想之间的差距。他们能否在此时此刻对这些问题做出合理的决策至关重要。接下来，学生便可以慎重考虑，是将现有资源配置应用于最初的想法，还是将其暂时搁置，重新考虑其他途径。重要的是，由于学生竭尽所能地掌握"已知的已知"信息，因此"未知的未知"信息减少了，他们的决策也比从前更为明智。现在让我们来了解其他教育者对社会和人力资本重要性的看法吧。

全球视野

显然，世界各国教育者都认为培养学生深刻认识自身资源配置状况的能力非常重要。澳大利亚斯威本科技大学的苏珊·拉什沃思博士强调，深刻认识自身资源配置状况的能力是她为学生设立的主要学习目标之一。英国伯明翰城市大学的安妮特·诺丹认为，如果没有人明确指出这样做的价值，学生自己一般是意识不到的。因此，这是一个重要的学习内容。澳大利亚南澳大学的彼得·巴兰认为这正是创业教育课程应该教授的内容，即让学生了解个人创业的概念并且学会如何利用个人能力。

人们也普遍认为这个问题的重要性体现在教学的方方面面。加拿大全球信息经纪人公司总裁莫妮卡·克罗伊格认为，所有伟大的创意都要经过大家的共同努力才能变成现实，这一点至关重要。创业的孵化阶段一般只需要几个人的努力。但是接下来的工作就需要供应商、客户、竞争者、投资者、社区和政府等多个个体或集体的参与。事实上，正如英国普利茅斯大学的乔纳森·利恩（Jonathan Lean）副教授所说的，我们要重视这个问题，研究生创业教育课程的教学目的之一便是强调这一点。

新西兰梅西大学的比尔·柯克利博士认为,这是实现个人效能和建立信心、独立创业的关键。

最后,我将以英国谢菲尔德大学的埃琳娜·罗德里格斯－福尔肯教授的类比作为本章的结尾,这个类比出自刘易斯·卡罗尔的童话《爱丽丝梦游仙境》。爱丽丝问柴郡猫:"请问,你能告诉我应该走哪条路吗?""那要看你想去哪里了",猫说。"我随便去哪儿都行。"于是,猫说:"那你走哪条路都无所谓。"埃琳娜时常讲起这个故事,因为这个故事让她更好地理解了个人目标、愿景和理想……但同时,也更好地理解了个人的起点,因此研究生和其他人都有必要了解他们自身的社会资本和人力资本。

本章小结

本章想要强调的是:了解自己拥有的与创意相关的资源配置对于做出更佳的决策尤为重要。学生往往在对自己思维环境还缺乏了解的情况下就匆匆做出决定。你能让学生对这么做的后果认识到什么程度?本章探讨的问题简单明了,但是这些问题在课程设置中并没有得到足够的重视。我希望下一章能够充分体现出该问题的价值所在。

第三部分

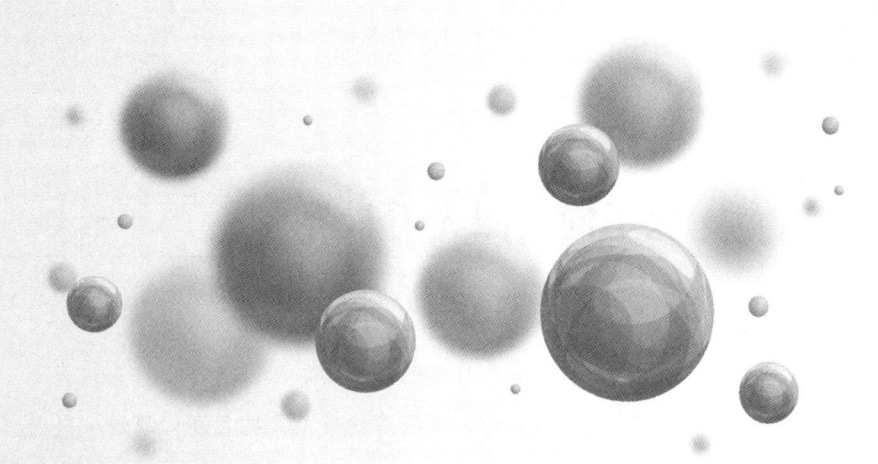

创业能力培养

第八章 以不同的眼光看世界

> 正因为人们不知道或无视可能出现的后果,所以在人类历史中才会出现这样一幅荒废和浪费人类资源的景象,并且还伴随着人类希望的破灭。如果有拯救人类于如此灾难和痛苦之中的法宝,那么它便是知识和使用知识的训练。(Sumner, 1902: 73)

有这么多学生和我分享关于他们自己如何为所在群体创造新价值的想法,我感到非常幸运。我听到的很多想法都不是在做白日梦,而是说只要他们有机会,他们就会乐于实现这些想法。通常,学生都会意识到时间已经很紧迫了,他们也有了足够的动力,并且他们也得到了向前迈进的许可,踏上了冒险之旅。尽管和大家一样,我也不能更清楚地认识未来,但是作为创业者和创业教育工作者的生活经历使我更具洞察力。随着时间的推移,这种洞察力使我能够意识到什么正处于风险中,以及在多大程度上是我引起了大家的思考。这一章呈现给大家的是如何让学生在有限的时间和资源条件下,保持一丝不苟和细致入微。

我希望可以带领大家有条不紊地经历这个过程。因为本章是全书的灵魂和精华。同时,我也希望它能为创业教育做出重要贡献。前面几章已经为伴随着这个框架的发展而形成的观点奠定了基础。我对这个框架的信心源于数以百计学生的亲身经历以及他们的新世界观。我并不会贸然宣称使用这个框架可以增加创业的成功率,因为我不想违背自己之前的观点,即意图和结果是两码事。我只是相信这个框架可以使学生增进他们对于一些因素的理解，而这些因素无疑将会影响他们成功或创造新价值的努力。这次我不会在篇章的末尾为大家设置一些问题（尽管这是我通常的做法），但我会在推进这个框架的不同部分时提出很多问题。我也会努力在每一阶段提供一些相关的实例，希望通过这些实例，大家可以在头脑中勾勒出框架的组成部分是如何有机地结合在一起的。

尽管能值分析过程（process of emergy）是这个框架的最后一个组成部分，然而为了引起大家对它的重视，我们现在先看一下这个概念。能值的概念是由奥德姆（Odum, 1995）提出的，它的定义是"一种可用的或储存的能量（available or stored energy），它可以直接或间接地制造某种产品或提供某种服务，并且这种产品（或服务）可以通过其他实体在一个生态系统中转化为有效的能量"。值得注意的是，这是一种可以决定创业者的努力能否成功的隐形能量。很明显，这个框架旨在培养可以发现并有效使用这种隐形能量的认知能力。因此，尽管这个框架的很多组成部分是众所周知的，但仍借鉴了一些生态学领域的概念，因此我把下一节的标题定为环境互动框架（environment interaction framework）。总而言之，我坚信它们使这个框架变得富有创新性并且对教育工作者和学生来说都非常有用。

环境互动框架

创意

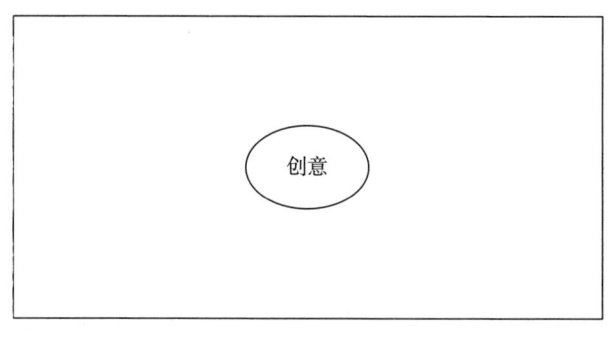

图 8-1　创意

创意是社会变迁的"生命线"。创业者的创意能够挑战现状,也是社会变迁的载体。我对环境互动框架的讨论从创意的诞生开始(参见图8-1)。也许这个创意源于利润的驱使或出于利他主义的角度。社会中不断涌现的创意为这个框架划定了一条"起跑线"。然而,这个框架更多关注的是个人想法,而不是集体想法的聚合。

资源配置

学生提出的创意并不是孤立的,而是促进发生改变的一种初始想法。在创意构想者和创意之间存在着一种对话关系(dialogic relationship)(Bruyat and Julien, 2001)。图8-2强调了这一点,并附加上"SC","HC",和"FC"标记,分别指代学生的社会资本、人力资本和金融资本。

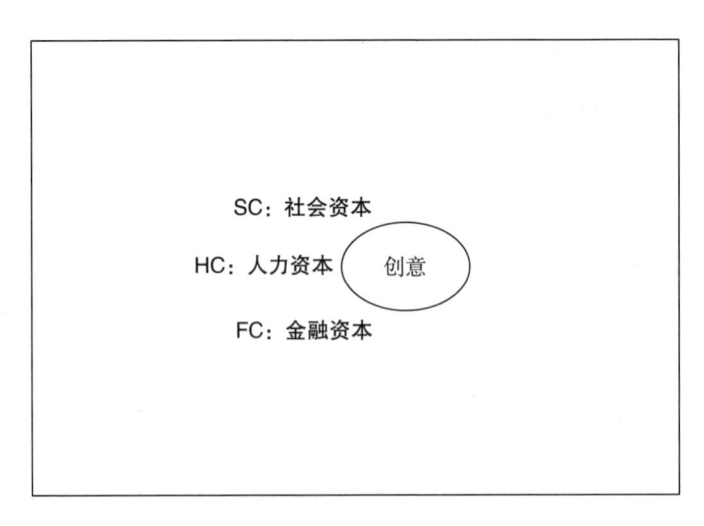

SC:社会资本
HC:人力资本   创意
FC:金融资本

图8-2 学生和创意之间的对话关系

从本质上说,创意不会存在于真空中,因为变化的媒介不能缺少创意。正如在前几章讨论过的,学生首先需要考虑的是他们目前拥有的社会关系在多大程度上有助于其创意的未来发展。也就是说，为了捍卫自己的创意，学生需要认识哪些人？学生是否认识那些或许有能力帮助他们进一步完善自己创意的人，并且他们的熟识程度如何？学生真的可以依赖于他们的帮助吗？他们可以把学生引荐给其他重要的人吗？他们有意愿加入到学生创意的发展和完善的过程之中吗？

学生需要关注的下一个问题是需要具备哪些专业知识和（或）专门技能来促进创意的形成？也就是说，形成这种创意需要哪种类型的人力资本？如果学生没有必要的专门技能，那么他们的社会资本能否为他们提供些许帮助？或者说，对学生而言获得这样的专门技能是否相对比较容易？推动创意的进一步发展和完善需要多少资源？学生能够接触到这些资源吗？换句话说，他们有足够的金融资本使这些创意得到进一步的发展和完善吗？

我们可以假设，有一个银行雇员拿到了一笔解雇津贴（redundancy payment）并且试图开始从事独立的金融理财业务。因为他（她）之前接受过相关的培训并得到了本行业的资格认证，所以他（她）可以轻松地利用之前作为行业雇员所形成的社会关系。同样地，假设有一个锅炉制造修理工，经常幻想开一家烘焙坊。因为如果可以开店，他便可以分享他祖母的各种各样的、切实可行的食谱。因为在这个领域他没有任何相关的背景和经历，同时他也没有形成任何行业联系和客户关系，他将会碰到很多困难。

这个阶段最初的问题相对比较简单。学生和（或）他们的团队是否有足够的社会、人力和金融资本来帮助他们思考目前的创意是否可行？如果没有，他们能否轻松地克服这些不足？假设答案是肯定的。让我们继续进入这个框架的下一个阶段。

认知和社会政治的合法性[①]

在学生观点和资源配置之外,创意也许存在某种程度的合法性。在图 8-3 中,认知和社会政治的合法性都被纳入到这个框架中。在这个阶段,对于学生的评估需要考虑两个问题。首先,学生所在的社区是否了解他们创意的特点和(或)基本理念?换句话说,他们的创意是否已经有了认知的合法性?如果是这样的话,谁认证了这种合法性?又得到多少人的认同?要是学生的创意已经被视为是理所当然的(Aldrich,1999),他们也许会成为赢家。或者,尽管社会对他们的创意有所了解,但是并未赢得社会上重要部门的支持。或许更糟糕的是,从未来发展的前景看,创意有可能是不合法的或会引起争议的。

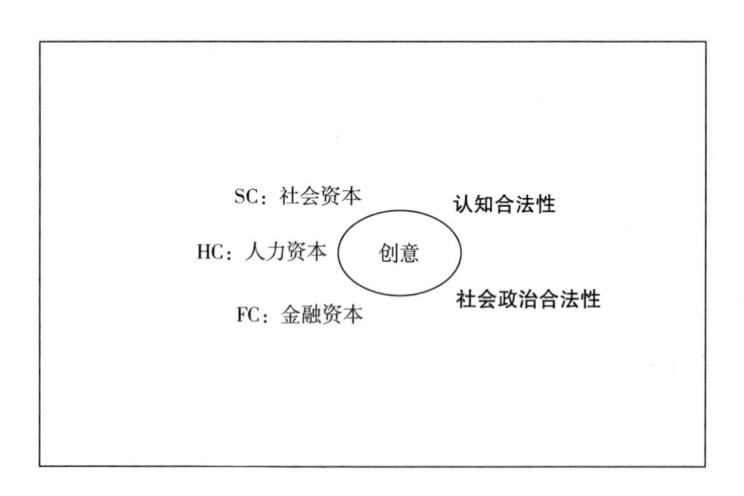

图 8-3 创意的合法性

[①] "合法性"是组织制度理论中的一个概念。学者萨奇曼(Suchman)认为"合法性是一个一般的理解或假设,即一个实体的行为在某一社会结构的标准体系、价值体系和信仰体系及定义体系内是合意的、正当的、合适的"。作为新兴学科的高校创业教育,从产生到发展,"合法性"是学者们关注的焦点。——译者注

第八章　以不同的眼光看世界

假设有一个激流划艇冒险者经常光顾的风景区，一对年轻的夫妇希望在那里开办一家蹦极运动公司。假设他们都曾在海外类似的旅游公司工作过，非常了解这一行业，而且他们也正在积极地参与旅游行业，那么他们便拥有非常棒的资源状况。再假设他们的财务状况和实地选址都没有任何问题，那么到目前为止一切都进行得非常顺利。

在合法性方面，他们没有任何问题。蹦极作为一项活动是广为人知的，而且很多本地人要么是在其他地方做过这项运动，要么想要尝试一下蹦极。然而，一些当地人认为蹦极运动是一个高风险的运动项目，这样的话它就在本质上缺少社会政治合法性。因此，尽管有潜在的顾客需求，开办这样一个企业仍然不会得到任何许可（认可）。

在这个阶段，有几个问题需要仔细考虑。假设一个创意同时具备认知和社会政治合法性，并且有适合的资源状况，但随着我们对该框架讨论的深入，其他相关的问题会不断涌现出来。换个角度考虑，就比如像蹦极运动这样的创意——这对夫妇不需要向消费者介绍他们的服务，但他们确实要耗费很大力气争取获得制度上的支持。他们有足够的资源投资这个可能很耗时的项目吗？或者换个角度看这件事，即使有认知合法性，社会政治合法性未必存在。让潜在顾客了解这项服务需要多久？花费又是多少？他们可能会尝试为这项全新且奇特的服务而拓展基本需求吗？还是会为这样一个竞争激烈的服务拓展选择性的需求？如果他们的预算很紧，他们能否负担得起这种尝试？最后，让我们假设一下两种合法性都不存在的情况——在这个服务的存在与否根本就没有保障的前提下，他们是否还会向大众推广？因为大多数的初创企业都面临着资金短缺的状况，所以我们需要确保学生也能够意识到这些问题。这个框架的下一个部分是外部环境。

外部环境

创意总是存在于某一环境中。合法性是一个本地和(或)外部环境的属性。我们必须要确保大家充分理解环境的众多属性，因为在这个框架的大多数过程中，这些属性都要和环境的其他属性同步协调。

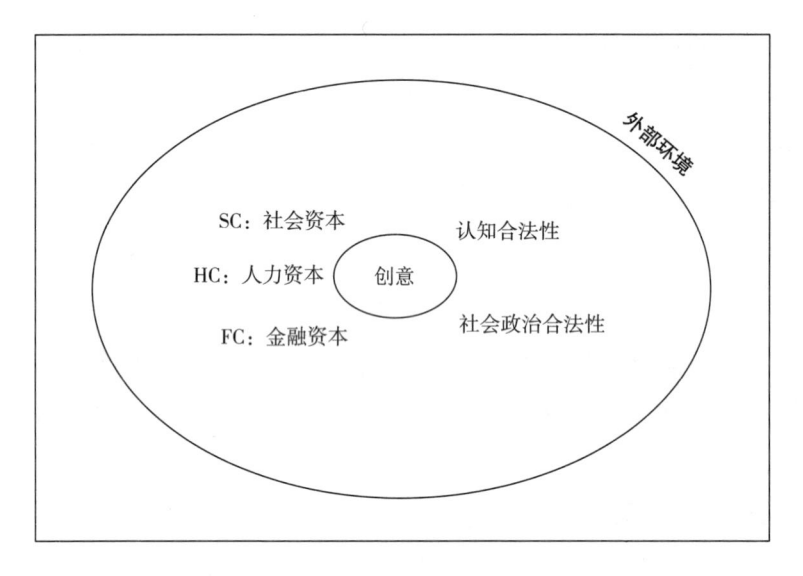

图 8-4　外部环境

基于布兰登（Brandon, 1990）对环境维度概念的理解，我们可以进一步探讨外部环境。外部环境包括了所有可以影响创意发展的因素和成分。尽管关于环境的总体看法并不能指明哪些因素对某个创意最重要，它的重要性也是毋庸置疑的。学生必须明白我们经常提到的环境通常可以从宏观和微观两个层面理解。在这种情况下，我们需要让学生留心和关注一些大趋势，如可以影响社会中许多举措的高利率。另外比较重要的一点是让学生试着将所在社区中的某些因素和外部环境的属性联系起来，因为这些属性会影响任意一个创意的合法性。

选择性环境和生态环境

接下来，布兰登（Brandon, 1990）确定了环境的第二个维度，即生态环境。如图 8-5 所示，这里的生态环境是一个缩小了的维度。目前，我们考虑的只是那些对发展某一创意起到特定作用的因素。它们可能是创意发展过程中比较重要的特定资源。环境的第三种形态(也是最后一种)是选择性环境。选择性环境指的是外部环境中的某些因素，它们决定创意中那些或许能够相互作用的因素间的差异适应性（differential fitness）。

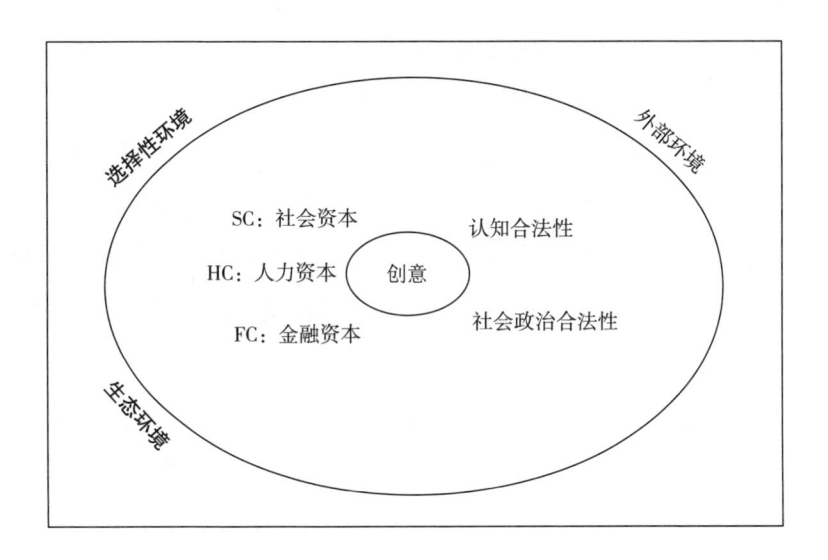

图中内容：
- 外部环境
- 选择性环境
- 生态环境
- SC：社会资本
- HC：人力资本
- FC：金融资本
- 创意
- 认知合法性
- 社会政治合法性

图 8-5　选择性环境和生态环境

在这样一种观点下，一般环境可以独立于某个创意而存在，并且在没有任何积极或消极的影响下，环境本身也会由于创意发生变化。然而，选择性环境必须依赖于某个创意才能存在，它代表了该创意所依存的实际小生态环境。如果我们能够清楚地阐述一个特定环境中的维度，那么就可以考虑一个或多个创意（举措）来改变这些维度。

让我们再回到那个锅炉制造修理工和他提出的创办烘焙坊创意的例子上，假设他已经把自己的资源情况都分别归类，并且他也认识到选择性环境和生态环境将会非常重要。在这个案例中，我们需要从其生态环境的角度考虑一个烘焙坊最需要的资源。需要注意的两点是：首先，为了很好地经营烘焙坊，他们需要技术熟练的员工。假设已经有足够多高素质且可靠的员工，那么下一个需要考虑的资源就是资金。资金一定是来自于消费者的。假设这个锅炉制造工把店址选在了郊区一个叫普维尔（Poorville）的地方。在普维尔，人们的收入水平非常低，所以大多数当地人都是从一些大型超市中购买焙烤食品，因为那里的东西便宜，他们完全负担得起。因此，尽管他的生态环境可以提供一些必要资源，但在这个案例中选择性环境的负面影响实在太大了。

如果这个锅炉制造工改开一家酒类专卖店，情况也许就会好很多。因为员工不需要烘焙技能，所以他的酒类专卖店对生态环境的依赖性会很小。假设普维尔当地人会有一部分花销用于购买酒水，那么选择性环境的麻烦便不难克服。然而，很多当地人都抵制新的酒类专卖店进驻普维尔，那么这个创意就缺乏了社会政治合法性。

克服这些问题更好的方法是把烘焙坊迁到附近的郊区里奇维尔（Richville）。在那个地方，人们的收入通常都比较高。那里也有很多高素质的雇员，并且当地人也不会愿意购买大型超市的劣质烘焙产品。在这个阶段我们不需要考虑竞争因素，关于这个创意的选择性环境和生态环境都是比较有利的。

一旦我们让学生关注涉及他们某一创意的选择性环境和生态环境的积极或消极因素，就会出现很多问题。我们需要让学生降低标准去考虑哪些实际的成功因素唾手可得，哪些因素有可能会和创意相抵触。如果我们让学生考虑一下有哪些其他相似的创意曾经在哪些方面奏效和（或）失败过，我们会得到很多问题。我们为什么认为某些人失败或成功了？

就这个创意而言，资源短缺问题普遍存在吗？该创意涉及社会认知问题吗？涉及法律问题吗？该创意涉及竞争或资源共享方面的问题吗？引导学生思考这些问题，让他们了解社会变化过程。这是学生需要掌握的这个模型的下一个阶段。当所有事情都被说完、做完了，所有的改变便可以简化为演化方法的三种要素。

变异、选择和保留过程

在近期，奥尔德里奇（Aldrich, 1999）主张使用一种演化方法。这种演化方法使研究创业的学者可以解释这种改变。在图8-6中，变异、选择和保留（variation, selection and retention, VSR）过程被置于环境空间中。这个位置关系表明了这三种过程在外部、生态和选择性环境中的因素交叉方面起到重要作用。

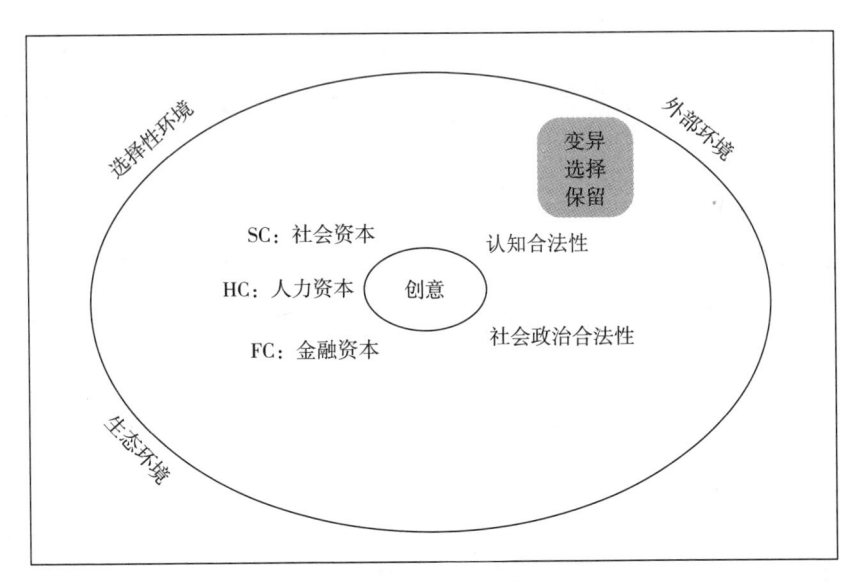

图 8-6　演化方法

对学生来说，他们要更好地理解那些会影响社会变化的因素。让我们首先逐一考虑变异、选择和保留的过程。变异可以被视为对现行标准的任何一种改变。遗憾的是，很多研究者认为任何具体实践的规范都可以进行推广，因为他们认为，在某一行业内一些组织活动的既定方法已经取得认知上的合法性。我不同意他们的看法，我认为组织活动的多样性水平仅是与创意相关的选择性环境和生态环境变量的一种反映。

思考自己所处的位置非常重要。人们普遍认为要根据环境进行选择或放弃创意和（或）组织形式。正如前文所探讨的，如果不能从外部环境的宏观层面解释环境及其内容，我们便容易受环境变异的影响。如果我们认为每一个创意都对应一个依赖其选择性的环境，那么我们就已经彻底地改变了自己对于环境的看法。实际上，我们已经接受了可选择性邻里（selective neighbourhoods）（Brandon, 1996）的概念。现在我们关心的是用给定的参数衡量某个创意的相对适应度，因为这些参数最终会影响该创意的成败。比如说，如果锅炉制造工是在普维尔而不是里奇维尔开烘焙坊，那么他最终的成功就非常有可能取决于环境因素，而并不是他的创意或其他类似创意的变化。当讨论到选择这个概念时，我会进一步阐述这个创意。

直到现在，我们还是继续思考何为变异。由于变异被视为由标准产生的若干变化，它可能是人为的或偶然发生的（Aldrich, 1999）。因此，在组织活动时，我们可以通过人类能动性（human agency）找到不同的方法。这就可以被看作是一种非偶然的变异。面临选择性环境带来的压力或觉察到生态环境或外部环境中的机会，都可能激发这个过程。此外，在解决某一困境时，即使没有环境或选择带来的压力，一些偶发事件也可能使人们看到和（或）意识到一些新的方法。不论是偶然的还是非偶然的，变异和选择之间的关系都是很复杂的。

这是一个解释复杂性的过程，但由于我处理环境及其维度的方式有所不同，可能会使解释变得更为复杂。然而，学生在深度学习的初始阶段只能如此，因为毕竟这样会使观点更清楚且更有价值。我的方法运用了生态和演化概念及理论，为了解释这一方法，有必要简要地阐明我的哲学立场。我的方法和个体生态学（autecology）是一致的。因此，我在界定环境概念时，可能会不同于主流的界定方法，如汉南和弗里曼（Hannan and Freeman, 1977）的组织生态学（或人口和群落生态学）。从个体生态学的角度出发，我们主要关注的是创意（或公司）以及它和环境之间的关系。因此在这种情况下，创意（或公司）并不仅仅被看作是一个等级制度中的实体。因此，我认为每一个创意（或公司）都有可能"适应当地主导环境下的某一个子环境"（Walter, 2013: 342）。我认为，创意（或公司）可能会通过一些方法来影响子环境，从而提高其最终的适应性。我承认自己的方法是非主流的，但我认为这种想法和主流的生态学中的想法是一致的，并且会最终使学生受益。现在让我们回到选择的问题上来。

从最简单的角度考虑，奥尔德里奇（Aldrich, 1999）认为选择可以在外部或内部的进程中发生。因此，我们可以想象社会政治合法性的缺乏可能会促进外部选择过程，而这个过程可能超出学生所能控制的范围。换个角度来看，创意的支持者已经意识到可能在保障社会政治合法性方面存在某些问题，因此他们在安排自己的活动时会想办法克服这些问题。支持者就可能从内部一系列既定的可能变异中选择出一个具体的方法。

从一个创意（或公司）的角度来看，关键问题在于：相似的创意（或公司）是在共同的环境中运行和相互作用吗？也就是说，它们共有外部、生态以及选择性环境吗？如果答案是肯定的，那么传统的自然选择是一种更合乎逻辑的方法。我们就可以假定环境会公平地优胜劣汰，做出选择。然而，如果答案是否定的［比如，因为我们错误地认为它们（a）是相似的，（b）相互作用并（c）经历着共同的环境，或者我们知道这是错误的］，那么在解释某一创意（公司）和（或）其他周围相关的创意（或公司）的真实适应度时，环境选择就提供了一个有效的手段。

这种方法实际上使学生的生活变得更加容易了。虽然我们经常要求学生要理解外部环境中的所有因素，但这几乎是不可能的。一旦我们能够专注于创意同生态环境和选择性环境之间的潜在适应性，我们就可以为学生提供一个纯粹的空间来发展和检验他们的种种设想。在这个思考空间中，学生可以更加清楚外部选择的运作进程，并能够应对这种外部压力。

尽管人们已经认识到选择的进程是复杂的（参见 Amburgey, Dacin and Kelly, 1994），但对于这方面的探索几乎没有什么进展（不过有一些例外，参见 Jones, 2007）。选择可以存在于多种可观察的模式中，忽视这一点对学生极为不利。在很多情况下，选择可以稳定（或维持）某些特定因素，而这些因素可以帮助实现在某个群体中实体的适应度。尽管我们认为选择可以起到稳定作用，但它也可能是以定向或混乱的方式进行着。确实，对于学生来说，为了使他们认识到选择存在于当地的环境之中（而这个环境也是他们思想的聚集地），学生必须充分理解这三个过程。他们也必须看到这三个过程可能存在的组合形式。对于任何一个初期创业者来说，认识到存在于或可能存在于当地环境中的外部力量是非常重要的。这种了解有利于对内在变体的选择和现有的组织方法的去留做出终决。

变异、选择和保留过程的最后一个组成部分是保留机制。奥尔德里奇（Aldrich, 1999: 30）说"当我们维持、复制或重塑选择的变异时，保留便出现了"，从而保证它们的重复利用。很多评论者也强调指出，努力争取那些围绕着创业者决策而存在的资源是非常重要的。我并不想引导学生这样思考问题，因为这样可能会使这个过程过于复杂。一旦学生可以正视他们创意中的选择性环境和生态环境的真实本质，他们就有可能规避这个问题的很多困难。

让我们再来看看那位持有解雇津贴并要创办一家独立的金融服务公司的银行雇员。尽管不太可能做到真正理解，但是他（她）有可能会接触到很多金融服务行业里的经营模式。另外，他们的创业计划会使其考虑采用多种经营方法。或许，做到符合行业的规章制度是非常重要的。在这个案例中，不能仅依靠常规和稳定的选择过程。因为在这个行业中，最好的举措永远都要依靠管理者的外部控制。在增强责任性方面，外部选择通常起决定性作用。所以在考虑外部变化时，我们需要把主流方向的选择因素考虑进去，尤其当我们要长期使用某一方法时更是如此。

然而，新企业吸引某种资源的能力才是最终的决定因素。仅仅采取比较受业界欢迎的方法不足以确保企业的生存。作为一个羽翼未丰的初创企业，最重要的资源是收入。因此在这方面，企业的社会资本十分重要。在某种程度上，企业可以使用人力资本或社会关系网来获得最初的收入，他们很可能在短期内获得成功。然而，从长远角度看，企业将需要更深层次的管理和生态环境的开发才能获得成功。

和大多数常规的方法相比，这种思考过程要求学生有更深刻的分析能力和洞察力。通常，当我们讨论变异、选择和保留过程时，我们假设它指的是一种演化过程。虽然是正确的，但对学生来说，更为重要的是理解任何一个过程都是由复杂的生态过程所驱动的。学生需要理解的正是这些过程。学生能否把连接他们创意及其合法性的点结合起来？他们能否意识到个人资源配置在探索和自己的创意相关的真实生态环境中的重要性？学生能否分辨出就各种不同的形式（或机构或做法）而做的选择与他们的实际创意相符或相违背的实际因素？这才是关键所在——有能力推动学生超越未经研究的假设，从而思考选择存在或可能存在的方式。

价值创造的过程

接下来，框架将增加的是价值创造的过程。如图 8-7 所示，新增加的三个过程是：价值链、价值工厂和价值社会关系网（Stabell and

Fjeldstad, 1998）。使学生思考这三种价值创造的逻辑是非常重要的，因为这样能够让他们 1) 设想如何创造价值，2）理解选择和价值创造过程之间的关系。

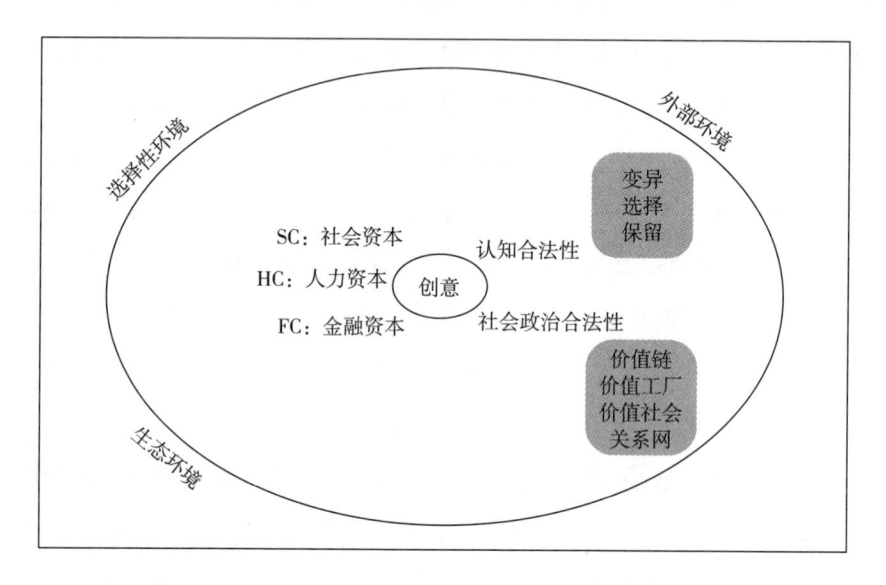

图 8-7　价值创造的过程

我发现在讨论价值创造的过程时，价值链逻辑经常被忽略。虽然它适用于很多创意，但同时它也最不适用于学生不断萌生的创意。想要充分地认识资源的可用性以及选择的本质，学生应该了解这三种价值创造的逻辑。简言之，学生是正在从一个资源匮乏的状态向具有更高价值的资源状态转变吗？他们是否通过独特的方式来分配资源以满足某个客户（机会）的独特的、个性化需求？他们是否正在通过媒介技术来探索社会关系网？也许他们综合了这三种方法来创造价值。

一旦学生能够想象自己创造和捕捉价值的过程，他们便能够理解哪些是必须要做的基本活动。他们能够预计出关键成本和价值驱动以及支撑这种驱动所需的组织机构的本质。具备了这样的洞察力，学生便能够进一步研究选择性环境和生态环境的本质。这是这个框架真正的本质所在，这个过程就像一层一层地剥开洋葱一样。学生对框架元素的理解越深刻，他们对每一个元素发展的认识就越清晰。

让我们回来继续探讨锅炉制造修理工和他创办烘焙坊的愿望。毫无疑问，波特（Porter, 1985）的价值链逻辑可以很好地帮助他。此外，为了提供个性化服务来满足各类客户群的不同需求，他还可以利用斯达贝尔和菲耶尔斯塔德（Stabell and Fjeldstad, 1998）的价值工厂方法。那么，对想要创办网上旅游公司的学生来说会怎样？他们需要按照顾客的要求提供服务和产品，并且探索网上的商业环境。这样就把价值工厂和价值社会关系网两个过程整合在一起了。

重要的是要让学生能够表达他们关于如何创造和捕捉价值的想法。我们的挑战是让他们更深入地去探究这一切事实上是如何发生的。一旦我们可以把学生的想法推进到这个层次，我们便成功地使他们从终端用户的视角来看待他们的创意的实施。这一点很重要，因为它会再一次加强对（支持或违背）他们的创意的选择过程的关注。

框架的下一个组成部分（参见图8-8）是关于开拓学生的视野去认识积极或消极的相互关系，而这种关系决定着他们将会遇到（塑造）的环境的本质。一个系统最重要的属性是常规的相互作用（Lidicker, 1979），或者说共同作用，我们在这里也会提及。

诠释共同作用

哈斯克尔（Haskell, 1949: 46）在关于共同作用理论的论文中指出，在社会的任何活动中，"个体按能力可以划分为两类：强者和弱者"。同时，他还说"这两种主要类型在彼此之间存在九种（仅有九种）不同的本质性的关系"。最后，他表明，"社会的主要属性是随共同作用而变化的"。当学生能够理解创意运作中存在的相互作用的性质时，他们的思考就提升到了另一个价值高度。

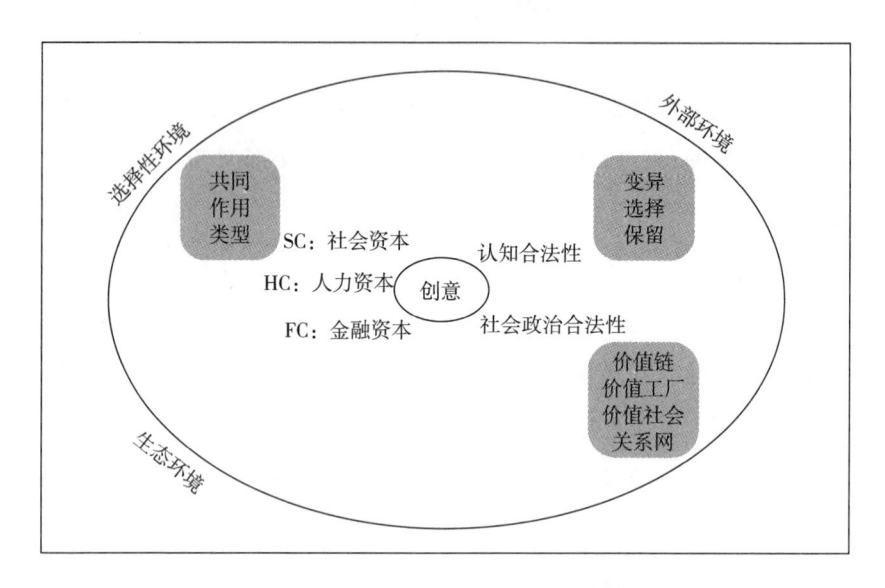

图 8-8　共同作用类型

要鼓励学生看到自己与社会其他方面相比是强势还是弱势,这一点对于他们思考问题大有裨益。因为这会促使他们思考超出实际可能发生的选择过程,谁在控制他们所需的资源,以及谁最能影响(创造)与他们的创意相关的各个方面的合法性。第一个起点就是考虑可能存在的关系类型。在多种关系类型中,强者(或弱者)或是两者都有可能产生积极的结果。

让我们假设存在实体"A"和"B"。"A"和"B"之间的关系可以用含有消极(-)、积极(+),以及中性(o)符号的结果表示。用左边的符号表示"A"的结果,右边表示"B"的结果,那么我们就可以得到如下的结果,即"A"总是产生消极的结果:共亡关系(-/-)、偏害关系(-/o)或捕食关系(-/+)。"A"也可能得到以下积极的结果:寄生关系(+/-)、共栖关系(+/o)或共生关系(+/+)。剩下的三种结果类型是异居关系(o/-)、中立关系(o/o)或异养关系(o/+)。因此,尽管"A"在和"B"之间的三种互动类型中得到的是积极的结果,但在另外六种类型中,"A"并不能得到积极的结果,"B"也是如此。

确保学生考虑到这些相互作用关系可以让他们更加了解创意运作的生态系统。重要的是,这也让他们能够明白自己的创意可能在何种程度上对选择性环境和生态环境做出改变。这个过程被称为"生态位构建"(Odling-Smee, Laland and Feldman, 2003),需要学生看清选择是如何对他们产生利弊影响的。他们也需要考虑到自己的行动随着时间的推移是如何改变环境的。比如随着时间的推移,某一特定类型的活动可能会改变社会政治的合法性。因此学生需要明白,他们的行动是如何随着时间的推移影响他们的选择过程的。

让我们再回到那个拿着解雇津贴的银行雇员的例子上去,他(她)想要创办一个独立的金融服务机构。在刚开始时,他(她)可能想要努力获得认知合法性。在这个关键时刻,由于潜在的和重要的初始收入有限,选择对他(她)而言是不利的。然而,随着时间的推移,他们接触到了社区中的一些当地因素,比如赞助某个俱乐部会员,继而赞助当地的体育俱乐部,都有可能改变选择甚至是共同作用的本质。

当开始创办金融服务机构的时候,它和当地体育俱乐部之间的共同作用的本质是中立关系。此时它们不会对彼此产生积极或消极的影响。如果这个金融机构为了在体育俱乐部及周围贴出自己的宣传标志,作为交换为那些因为保险和投资而购买金融理财产品的俱乐部成员提供经济报酬,那么它们之间的共同作用的本质就改变了。这时共栖关系便开始出现;在这期间,作为主体的体育俱乐部没有受到任何影响,而金融服务机构从宣传标志中获得了利益。如果一切顺利,随着这种关系的持续,共生关系将会出现,而且双方都会从这种关系中受益。体育俱乐部的成员成为了该金融服务机构的客户,而该金融机构也为俱乐部提供了资金支持。这种思维方式的好处在于,学生在考虑自己的创意和他们可能面对（创造）的环境之间的相互作用关系时会更具战略眼光。

战略定位

框架中接下来增加的部分是这种战略思维如何在结构及定位上最有力地支持学生的创意。图8-9重点描述的是 r 和 K 战略及专才或通才的问题。

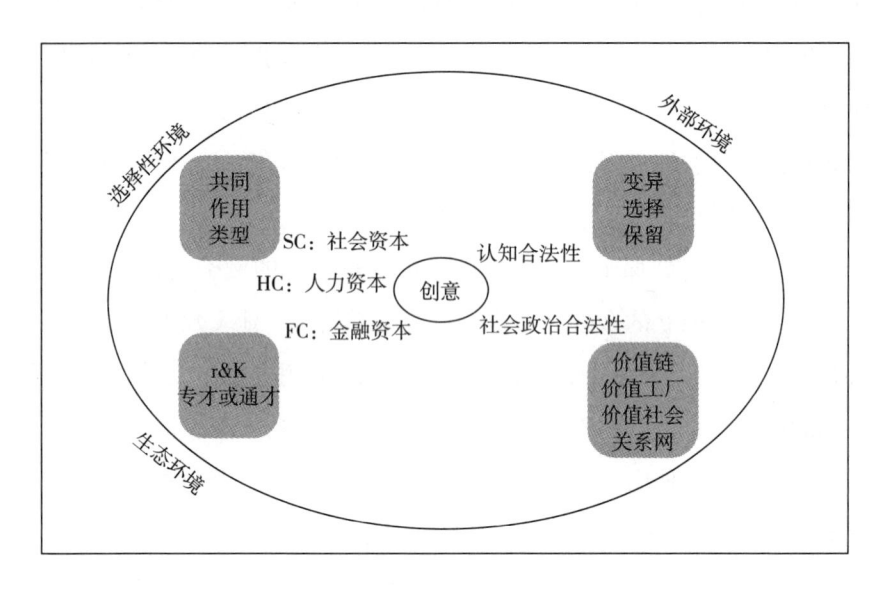

图 8-9　战略定位

一旦学生认同了选择将会随着时间和共同作用的形式而变化，他们就可以做出相应的计划。他们就会理解从事缺乏认知和（或）社会政治合法性的事情的潜在风险。他们能看出什么样的资源是可以利用的，而哪些是不能利用的。他们会了解自己的资源状况如何。他们能够感知到环境中的方向和选择的力量。遗憾的是，一些学者鼓励初期创业者按照波特（Porter, 1980）的五要素模型或以将资源划分为重要资源和稀有资源的方式看待环境的吸引力，这往往降低了世界的复杂性。如果能正确利用这些工具和手段，它们便都会发挥潜在价值。然而令人遗憾的是，这种情况极少发生。

我为学生提供另一种类型学方法，从而加入到想要弄清楚环境复杂性的行列，正是冒着这样的风险，我提出了这种解释。在上文中我提到了一系列因素，我认为学生已经从环境中辨别出了这些因素。也就是说，我已经确保他们很熟悉这些事，而不仅仅是走马观花。只有当他们被迫经历这种思想上的和探索性的磨炼时，他们才会谈起有关战略的问题。

因此，学生开始意识到了几种战略性选择。这些选择会关注环境，假定可能会更好地调整结构和战略。不过，我并不是说他们已经被环境的外力所"俘虏"，也不是说他们能够找到战胜这些外力的方法。我是在帮助学生意识到彼此之间的相互关系，以及能够与之互动的环境（包括其他或强或弱的实体）。

如果事情并没有按照计划发展，他们有权选择使损失最小化的方式。这就是"r"战略。或者他们有权选择实现长期目标并利用规模经济的优势，也就是"K"战略。这两种方法因为奥尔德里奇等（Aldrich *et al.*, 1999）的著作而流行起来。这些理念建立在麦克阿瑟和威尔逊（MacArthur and Wilson, 1967）的早期论著的基础之上。他们认为本质上讲，一些实体的本质使得它们在某些环境条件下具有一种选择优势。向学生介绍这些，可以使他们再次思考选择的影响力并尝试使他们的结构与环境保持一致。

R类型战略家通常是机会主义者，他们思维敏捷，试图在充满不可预知的、突变的环境中找到出路。因此，r类型战略家选择的是短期的前景，他们倾向于租赁而不是购买，致力于扩大样品生产规模而不是研发生产成熟的产品。然而，K类型战略家追求的是保障规模经济在适当的环境中得到长期、稳定的发展。决定使用哪种战略定位通常很困难，因为事实是很多公司都同时采取了这两种战略，并将其运用于公司的不同方面。随着产业的成熟以及环境可预见性的提高，r类型战略家很有可能会发展为K类型战略家。

接下来的问题是，学生所能提供的产品和服务符合多数还是少数客户的需求。究竟选择成为专才还是通才在一定程度上取决于所选择的是新兴的还是已经确立的行业。如果选择了一个新兴行业且顾客偏好尚不明显，就应该做一个通才。然而，如果已知顾客需求或选择有利于K型战略家，那么做专才可能会更好些。学生在思考以上问题时，千万不要陷入误区，认为环境对其他公司有利，就一定会对自己的公司也有利。在现实生活中，学生可能无法复制他们所经历的共同作用的类型，可能接触完全不同的选择性环境和生态环境。或者也可能在环境中处于优势。关键是要理解：如果某个（或多种）产品提供给更大或更小的顾客群体时，选择力和资源可利用情况（资源开发情况）将会有所不同。

让我们再回到想开烘焙坊的锅炉制造修理工的例子上来，还是假定他已经把上述所有问题都搞清楚了。他将面临的选择是要么租赁一个烘焙坊，要么买一个烘焙坊或新开一个烘焙坊。显然，作为一个r类型战略家，租赁的风险很低，因为它有一定的经营轨迹，可能确保其预期业绩。或者，这个锅炉制造修理工可以做一个K类型战略家去购买一个现有的烘焙坊，并制订一个还贷的长期计划。做出决定后，下一步是确定如何最佳地分配资源。是专做婚礼蛋糕还是提供品种齐全、各式各样的蛋糕产品？那么，理解选择性环境和生态环境的重要性变得十分明显。当地有多少婚礼庆典会选择去他的烘焙坊做婚礼蛋糕？当地又有多少其他普通类的烘焙坊？

迄今为止，我们已经培养了学生提出超出课本范围的问题的能力，因为课本重视的是规范性过程。尽管我们没有详细讨论过运气好坏的问题，但是我得出的结论是：这个框架的下一个组成部分会采用回顾法分析和解释这两种运气类型。事实上，现在我们可以通过介绍这个框架的下一个组成部分来重新讨论很多之前出现的决策挑战。

能 值

毫无疑问，能值的概念是学生需要掌握的"最有力"的概念。因为一旦理解了这个概念，学生就能够以全新的视角看待这个世界。理解这一部分可以大大消除潜在的无知，并会为令人兴奋的全新的机会型投资过程开辟道路。能值可以被理解为资源创建、产品服务过程中被直接和（或）间接使用的能量类型（Odum, 1995）。在图 8-10 中，有一个从左到右的箭头，指的是独立于学生最初创意而存在的能量，它可以用来解释学生创意选择的本质。

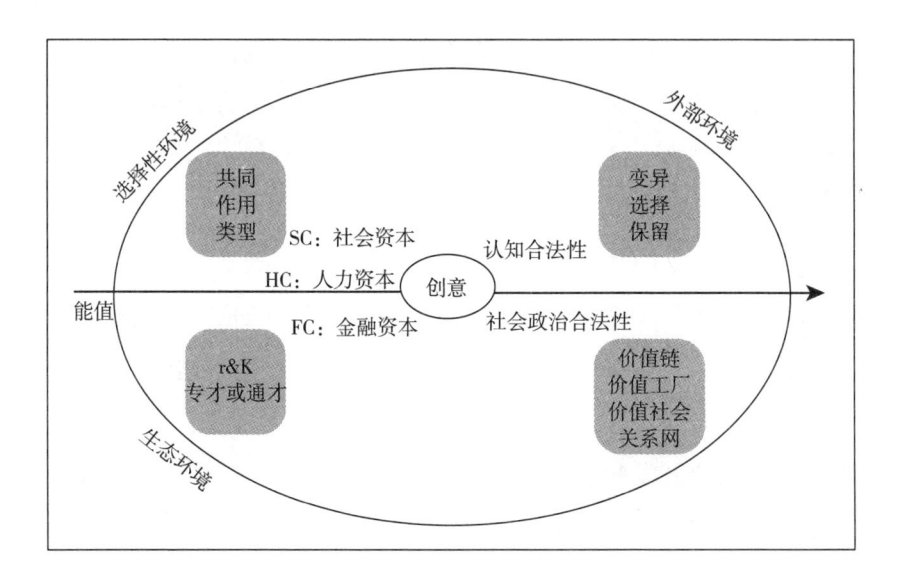

图 8-10　能值分析

创业者不会也不能控制最终决定他们未来的所有资源。这也就是我们有时可以用运气解释成败的原因。创业者只是试图去开发可用资源，而不在乎所有权。借鉴生态效益的相关文献，我让学生理解了生态多样性（Mac Nally, 1995: 19）的重要性，或者"在一定程度上……（公司）……可以充分开发和利用它们在当地环境中的资源"。

我还没有遇到无法识别和自己的创意相关的资源能值的学生。但是我也很少能遇见已经发现这些能值并将其自由运用的学生。这也就是能值的概念如此强大的原因。运用一些真实案例有助于充分解释这个概念。我对餐饮行业中的披萨店做了几年调查。显然很多披萨店的生存都取决于他们无法掌控的因素，但这些因素也都是他们可以利用的。

自从大型披萨特许经营店出现以来，每天都有电视广告不断将能量波输送到西方家庭中。因此，比较强大的公司通过电视广告来打通全球所有地域的市场，获取它们最需要的资源，即消费者手中的钱。和当地自立门户的披萨店不同的是，特许经营店的商业模式建立在高营业额的需求基础上，从而填补它们的低营业毛利。简单来说，一个特许经营披萨店的"新陈代谢"速度比当地的披萨店要快很多。为了生存，特许经营店必须要实现高水平的营业额。为了达到这一目标，它们必须用高于正常水平的能量来寻找市场或者做广告。

从之前讨论过的共同作用关系看，特许经营店处于优势而当地独立的门店则处于劣势。然而，因为特许经营店利基（niche）市场建设的限制，当地披萨店的生态环境和选择性环境通常都会得到改善。重要的是，社区对披萨的需求不断增长，这对所有人都有利，对当地披萨店尤其有利，因为它们仅需要开发和利用可用的资源，而不用"消耗"能量就获得了消费者的钱。这是一个经典的共栖关系类型，即强大的一方没有受弱小的一方的影响，但弱小的一方却从强大的一方身上获利。

一旦学生理解了其他实体可以为外部环境提供能量的观点，并了解这种能量有时会直接影响他们某个创意的选择性环境和生态环境时，他们便可以从另一种视角看世界。他们开始退一步思考该如何利用环境，这就像一个冲浪运动员思考应该选哪个海滩才能赶上最好的波浪一样。他们设想的不是自己被困在一场和强大对手较量的"生死战"中，相反他们看到的是与这样的实体共存的机会。或者说，他们在经营定位时规避了伤害,同时能从现有能值中获益。上面提到的例子说的就是这个道理。大型披萨特许经营店运营商做广告的本质是非常容易预测的,因为这是他们唯一的生存之道。

其他可预测的能值来源

另外还有两种比较容易找到的能值来源。正如图 8-11 所示,我们的学生会意识到自上而下的政府管控干预和自下而上的地方驱动干预。令人惊奇的是,当我同学生或同事交流想法时,他们通常都不会提到如何充分利用自上而下或自下而上的机会。在很多情况下,这些措施可能只是短期的,但是它们可能会促进学生的创意获得足够的认知合法性或者社会政治合法性。因此,它可能确保生态环境有利于初期创业者的活动,或者消除选择性环境中的边缘地带。让我们思考一下这个案例。

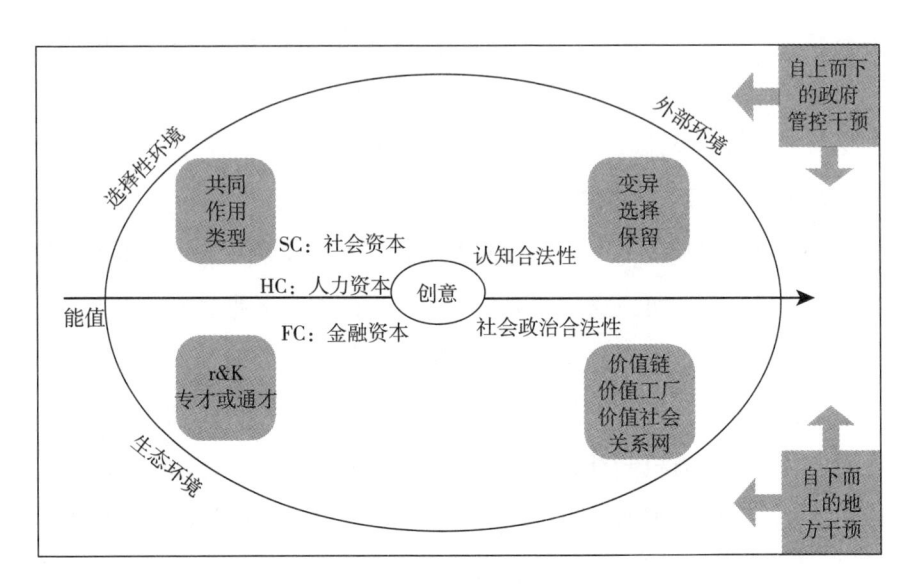

图 8-11　其他能值来源

让我们再看看那个想要拿解雇津贴创办一家独立的金融服务机构的

银行雇员的案例,他(她)怎样才能找到能值?假设政府很在乎金融知识素养,并且决定资助一些一年期限的项目,为青少年提供这方面的免费教育。在运用其他资源在当地发展某一品牌时,这种项目可以支付这家金融服务企业的初始成本。事实上,这家以政府名义提供服务的企业具备了社会政治合法性。关键在于,要了解这种项目,并要切实寻找机会让企业在短期内参与这种项目。

让我们也回到那个锅炉制造修理工和他开烘焙坊的创意中去。当地许多社区组织正在兴起,为那些忍受腹泻病或麸质不耐症的人们提供信息和资源。如果我们的新烘焙坊和这些组织合作并专门经营无谷蛋白的产品会怎样?他可以批发无谷蛋白产品给其他不想迎合市场需求的当地烘焙坊,并建立声望。这样他或许能通过逐渐增加自下而上的干预开发和利用选择性环境中原本消极的一面。所以,尽管框架在设计中是很简单的,但它却有可能彻底改变学生看待周围事物的方式。也许,现在考虑那些运用这种思考方法的学生的观点就非常适宜了。我将要讨论的另一个问题是如何实施这个过程。

要多提供几副"眼镜"

意义建构过程的一个关键方面在于它并不仅仅是一个研究每个附加部分的过程。我们可以通过研究每一位学生的创意,使这个过程真正变成现实。我有意地组织小组讨论来研究每一位学生的创意,通过提出自己的想法甚至给出可以帮助改善个人资源配置或提高整体合法性的建议,班级里其他学生有机会补充自己的评价。同时,在这个过程中可能有忽视或错解的地方,那么小组讨论的过程正好弥补了这些问题。它也为学生提供了一个成为别人眼中焦点的机会,因此增强了每一位学生认真准备的责任感。他们会把握住这个机会来分享自己的观点和看法,因为他们知道有很多双眼睛正在盯着他们得到的机会。

当我回顾这些学生对意义建构过程的评论时，我有以下体会。首先，这个过程可以帮助学生看清自己的创意如何在现实中得以实现。其次，这个过程让学生相信自己的创意。再次，这个过程使他们的思维具备条理性，知道自己应该做到什么。最后，很多学生在毕业之后仍会使用这个过程来评估状况。这些体会和感悟都被记录在下面的学生评论中。

作为一个成人学习者，我已经掌握的知识是意义建构框架"提供"给我的——通过对这些知识的学习，我有能力把知识和与我生活、经历相关的概念相联系，这些知识反过来使新知识变得合理化。（学生评论1）

我喜欢科林的模型，因为它使我们明白对我们的决策起影响作用的事物的含义，以及通过它建构我们研究项目的方法。（学生评论2）

意义建构框架有很大的价值，因为它表明我们可用这个框架探讨任何观点以及看它是否站得住脚。它能展示出这个观点的优缺点。（学生评论3）

当我评估目前工作中一系列举措的可行性时，我会用到这个方法。不论是南非的筹资活动还是发展项目，评估某一创意的市场和合法性都非常重要！（学生评论4）

着眼于全局和框架内的诸多可能性使我能够跟进和实现某个创意/项目。（学生评论5）

我坚信您的方法为我提供了接触意义建构框架的机会。我能更好地看清哪些需要改变，也有能力评估、比较和对比可能的解决方法，并且利用我所拥有的做出改变。（学生评论6）

意义建构框架提供了一个总体的指导方针。在这个框架中，我可以进一步学习并获得较好的学术发展。作为学习者，我们受益匪浅，因为它为与学习结果相关的需求和框架提供了一个清晰的指示。（学

生评论7）

科林检验某个创意或问题的方法为意义建构及决策制定提供了一个强有力的框架。它已经为我提供了一个更好的方法，通过匹配我已经拥有和将来需要的资源来检验商机和挑战。（学生评论8）

科林使我们意识到，个人可以通过展示或推销某个创意来重新评估该创意的潜在且关键的方面。而他提问的方式又不会使学生感到被贬低或被羞辱，相反却使整个小组和课堂瞬间顿悟。（学生评论9）

对我而言，在诠释任何需要分析的情境时，这都是一个很重要的框架，并且自从了解了这个框架后，我已多次把它应用到了自己的实践中。（学生评论10）

在分析某一情境时，您鼓励学生提出自己的看法，并且我相信您的教学方法使学生更加尊重（或容忍）他人的看法。（学生评论11）

以不同的眼光看世界

现在问题的关键不在于是否有适合的方法让学生配合你，而在于学生是否把你看作是使用这种方法的权威，因为他们需要你的指导及监管。我发现一些创业教育者在使用意义建构方法时有个不足之处，那就是他们自己都不信服这种方法。学生知道你什么时候坚信某事，什么时候只是照搬他人的想法，如果你这样做，就是在浪费他们的思考时间。学生和我在第一次见面前就已经参与到了我的框架中，并且在那以后一直在使用它。在这个过程中，我一直鼓励他们。我会全身心投入到这个框架中，并关注学生的学习结果。

全球视野

通过针对国际教育者调查Ⅱ的一系列反馈，我意识到学生间的讨论是很多意义建构过程中的一个重要因素。创业者兼西澳大学特约讲师的艾丽西亚·卡斯蒂略博士强调学生应该提出有意义的测试：作为个体，它给我的生活增加价值了吗？然后她又提到相互关系的问题：我喜欢我的客户吗？生产系统呢？我和我的供应商之间的关系怎样呢？艾丽西亚还增加了快乐及相关性这两个组成部分；通过课堂讨论可以发现，这两个组成部分具有明显的个人主义特征。

南澳大学的彼得·巴兰为他的课堂提供了一个创业计划，然后让全班同学在讲课中（研讨时间）讨论该计划。挑战就在于评估和实施该创业计划时必须发挥创造性思维。英国剑桥大学的简·诺兰博士运用真实生活中的案例研究，鼓励人们着眼于真实的生活问题以及更广泛的社会问题和困难。学生要能够评估这些创意，理解这些机会，并设法使新企业存活。在这个过程中，英国谢菲尔德大学的埃琳娜·罗德里格斯－福尔肯博士给她的学生展示日常问题，如残障人士问题。这让她的学生能够用自己的技能提高他人的生活质量，同时也考虑自己创意的商业内涵。

加拿大全球信息经纪人公司的莫妮卡·克罗伊格使用了几种工具来指导这个过程，并会针对个人发展和职业发展给学生提供辅导，帮助他们考量那些对他们而言最有用的机会。但以色列卢频学术中心（Ruppin Academic Center）的卡伦·温伯格（Caren Weinburg）博士采取的方法可能更简单，她让学生走出去和创业者交流。其实，在创业教育中处理这样的问题永远都没有一个最好的方法。重要的是你要想清楚如何才能在最大程度上帮助学生了解自己的创意和所涉及的环境。作为一个创业教育者，我们有太多的问题需要思考。

反思未知

你的学生对于未知是否仍然很幼稚？这可能是一个无法回答的问题。

让我对此重新措辞。在何种程度上你的学生对于自己的行动可能带来的结果能够有所感知？我的办公室里摆放着这样一句座右铭："因为无知，故一切皆有可能。"我还应该展示出另一句座右铭："凡有可能的皆取决于我的无知与谁相伴。"我们无从知晓未知的未知事物。然而，我们可以花更多的时间从不同的角度质疑和寻找答案。我们能够确保学生的创意有更多的新视角，尤其是和学生很少体验到的世界相关的创意，这是我在下一个章节中要探讨的那些问题。

第九章 信念和知识

利用资源所产生的服务取决于资源使用者的能力，但人类能力的发展部分取决于其占用的资源。（Penrose, 1959: 78—79）

人类使用的材料有着永恒不变的物理属性。使用材料的人类自身的不断变化使得他们对材料用途的理解和评价也不断发生变化。（Veblen, 1919: 71）

上面引用的两句话准确地抓住了本章的要点。正如彭罗斯（Penrose）和维布伦（Veblen）多年前所说的，我们的表现能力取决于过去的经验和当前的知识储备。作为创业教育者，我们必须理解这些话的含义。因为确保学生理解世界不断变化的本质正是我们这些教育者经常面临的挑战。教育者要牵着学生的手，引导他们接触新的知识领域并帮助他们提升自信。

在20世纪和21世纪，人们发现并利用机遇所需的技能是不同的。因此，本章旨在缩小这种差距。从教育者如何培养学生自信的角度出发，我们将探讨依托互联网的、低成本的创业行为。学生是否有信心抓住这些低成本的机会关系到他们潜在的创业机会。

创业教育2.0

每当谈起学生在创业教育中遇到的那些令人兴奋的、技术型创业机会时，萦绕在我脑海里的总是刚才提到的彭罗斯和维布伦说的那两句让人印象深刻的话。确实，很多时候我们只看到学生目前的状况而阻碍了他们未来的发展。在创业教育 2.0 的世界里，这为许多创业教育工作者带来了潜在的问题。许多教育者并不十分了解如何创建网站以及如何开发和实施某种社会媒体行销策略，当然也不知道怎样让学生进入全天候在线运行的"2.0 世界"。我曾经遇到过一些在"2.0 世界"里从事创业教育的优秀教育者。其中非常杰出的有英国的马修·德莱克特（Matthew Draycott）、西蒙·布鲁克斯（Simon Brookes）博士和加拿大皇家大学（Royal Roads University）的杰夫·阿彻（Geoff Archer）副教授。他们对"2.0 世界"进行了总体规划并十分乐于将其融入学生的学习中。让我们简略地探讨一下他们对"2.0 世界"的不同看法。首先让我们来看看来自英国的颇具创新精神的、德高望重的创业教育家马修·德莱克特的观点：

> 我开始使用在线技术是为了打破课堂教学的局限性，丰富学生的体验。一开始，我使用的是现成的电子游戏，通过游戏元素帮助学生理解如何将课堂上学到的理论应用于抽象的环境中，并了解这样做可能带来的效果。在这几年的教学实践中，我的这些早期尝试发展成为更系统、目的更明确的模拟游戏。与我之前使用的游戏不同，这些模拟游戏构成了真实的实践平台。它们能够实现理论与实践之间的"无缝"融合，因此似乎可以让学生更好地参与其中。
>
> 在这个过程中我发现自己已经完全沉浸在技术领域中，思考如何使用各种平台为学生创造学习环境，以及通过使用虚拟平台和协作学习中心进一步拓展学生的学习环境。这意味着现在我能够从众多的技术产物中选择我认为适合学生的工具，或者是特定情境下他们所需要的学习方法。一旦我发现自己能够应用这些技术创造一个沉浸式的环境，我就能使学生更多地参与进来，使他们拥有更大的自由度来设计

他们自己的学习体验。

作为教育者,我在实践中将科学技术应用于教学,这使我在课堂上的角色也发生了变化。这并不是说我退居幕后或远离了我为学生创造的学习系统。相反,我积极参与到这个不断发展的学习经历中。在这个不断变化的世界里,与其说我是一位教师,不如说我是一位向导。我的角色是帮助学生理解他们发现的信息,并且在活动难度超越他们的能力范围时为其提供建议。有的人可能会为这种教学方法的意义争论很久,但对我而言这是一种极大的解放,因为它把我从问题重重的教学环境中解脱出来。我希望这种方法可以让学生更积极地参与到教学中。

尽管我并没有在班级中进行任何调查研究以验证学生的学习结果是否有所提高。但是,从大多数学生取得的好成绩来看,我相信他们都非常享受这种经历,并且总是积极地参与到学习活动中。如果没有模拟,这一切可能发生吗?我不敢断言,但如果他们没有创建和经历的这个平台,我不会像这样积极地参与其中,我希望对学生来说也是如此。

如今,数字原住民(digital natives)在进入课堂时,他们期待在课堂中能融入更多的科技元素,而不仅仅满足于把"虚拟学习环境"当作行业数据库,因为那里只是堆满了被束之高阁的课堂笔记。相反,他们提倡在体验式教学中,技术应起主导作用,让学习不只停留在理论层面,而是要上升到体验层面,并且让学习有延展性,可以为不同的学生提供多个可选的学习时间。我相信这些系统会变得更有协作性、延展性并以学生为中心。这样一来,教师的角色从高高在上的、传授知识的"躯壳",转变为设计者、引导者和协作者。教师要不断完善自己搭建的课堂环境,使学生成为学习活动的最大受益者。

马修这些年的蜕变，足以证明他的好奇心和不断激励学生的意愿。尝试追求快速发展的技术是需要勇气的，这是我从马修的学生身上观察到的另一个独特的学习结果。我发现，通过学习，他们自己具备了灵活性，这也是彭罗斯和维布伦观点的核心精神所在。我也发现他们建立了自信，能够思考如何利用所获得的技术机会。下一个例子来自英国朴次茅斯大学（University of Portsmouth）的教育者团队，团队成员分别是萨拉·安德伍德（Sarah Underwood）、西蒙·布鲁克斯（Simon Brookes）和亚利克斯·莫斯利（Alex Moseley）：

> 让学生有机会在课程中扮演中小企业的顾问是一种有效的创业教育形式，但这种角色扮演对创业教育也许并不可行。这其中有很多实际的原因，如不同的学生群体可能有不同的经验，合作企业未必可靠以及学生可能不够专业（更不要说时间、资源和员工的问题了）。因此，我让学生开展普适学习活动（Pervasive Learning Activities），就是想要在课堂教学范围内（不要求享有同等资源）为学生提供几乎无差别的真实体验。普适学习活动为学生创造了丰富的真实情境，将简单且相对便宜的线上技术［如网站、推特（Twitter）、讯佳普（Skype）网络电话和电子邮件］与创业教学法相关的线下活动相结合，从而缩小了现实世界和虚拟世界间的差异。普适学习活动是一种模拟现实的游戏，最初是由布鲁克斯和莫斯利（Brookes and Moseley, 2012）提出的。它是一种替代现实游戏的形式，由教师设计虚构的案例，这种环境设计提升了游戏的真实感，使学生对这些经历信以为真。
>
> 朴次茅斯大学和利兹大学先后用这种方法虚构了两个案例。这两个案例的发生地是虚拟城市——朴散姆普敦（Porthampton）。其中一个企业是营利的，另外一个是非营利的。但两个案例均以失败而告终。这两个企业都有各自的网站和许多工作人员，学生可以与这些工作人

员交流和互动。与此同时，朴散姆普敦还拥有一个市政府、一家当地报社和一个大学网站，这些机构为学生提供了大量的信息来源（有些与他们的课程相关，有些则介绍了朴散姆普敦足球俱乐部在周末如何运营）。

在这两个案例中，学生成了培训课程的一部分。课程围绕着朴散姆普敦的一个咨询公司展开，并为学生建立和失败企业之间的基本联系。然而，随着时间的推移，学生希望在一些传统的调查研究方式的基础上，还能通过电子邮件和讯佳普网络电话联系该企业的员工来搜集信息。在整个课程中，老师扮演着促进者的角色，教授相关理论知识并通过真实的经历培养学生对创业的思辨性理解。评估综合了公司报告、问题回复的邮件以及反思性论文。想了解更多相关信息及如何构建普适学习活动，请访问普适学习活动学术网站（www.pla-academy.co.uk）。

假设这些经历是真的，那么这些普适学习活动的预期结果是有过切身经历的学生能够习得创业技巧。当然，有证据表明学生已经进入角色，完全沉浸在"故事情节"之中。学生评论说："感觉就好像它真地突显了任务的意义"，而且"我们关心（企业成员），他们对我们而言非常重要"。学生（通常）似乎希望这个故事是真实的，即使他们已在课程的一开始就被告知事实并非如此，他们评论说："我记得（老师）说它不是真实的，但之后我只是……把它抛在脑后。"然而，大家的反应并不一致。少数学生不愿意参与这种角色扮演。尽管这样，参与普适学习活动模块的学生表现出极好的状态。他们具备了一系列的创业技能，如创造力、创新能力、谈判能力、沟通能力和领导能力。在这些案例中，虚拟企业恰好给学生提供了一个更独特的体验机会。正如某位学生说的："它让我在创新方面拥有更大的自由度，这意味着我在提出更加冒险的创意时会有更多的安全感。"

拥有一种低成本但丰富真实的经验（如普适学习活动）十分重要，因为目前的趋势似乎是，创业教育逐渐深入到高等教育之中，也渗透到更多非商业的学科里。普适学习活动可以跨越不同的学科，让学生很容易深入了解朴散姆普敦医院、本地艺术团体或学校的内部工作机制。当然，为学生量身定制的创业教育越有意义、越有趣，学生越能从中受益。

上述普适学习活动明显会给学生带来益处，但也需要教师付出大量精力和进行精心策划。围绕这个项目已经形成了一个团队，这也不足为奇。作为教育者，我们自己也经常会看到极好的创意。遗憾的是，我们往往没有时间和资源将它们呈现给学生。团队共享、开发和利用这些经验是非常有意义的。我想起非洲的一句谚语："如果你想要走得快，就一个人上路。如果你想要走得远，就结伴而行。"我想与大家分享的第三个案例来自一位非常有活力的创业教育家，加拿大皇家大学的副教授杰夫·阿彻：

大约 20 年前，由于联邦削减开支，加拿大皇家军事学院（Royal Roads Military College）被武装部队解散。在军队入不敷出的情况下，这个占地 500 多英亩的校园差点被夷为平地。校园里有很多实验室、教室、宿舍、奥运会规模的游泳池、船屋、一座石头城堡和青翠古老的森林。幸运的是，一群有先见之明的教育家和政治家一起提议在这块土地上建立起一所新学校。传统的四年学制早就在学生之间形成了良好的本地市场竞争力，因此皇家大学注定与众不同。这所大学主要招收在职学生。学校不仅要保证严谨的学术氛围，也要保证教育的开放性。最终，这所坐落在加拿大温哥华海岸岛屿上的学校率先采取了混合式异步学习模式，为学生提供短期的住校学习和在线学习。

每年有超过500名学生获得管理学院的商业学位,其中超过100人为了获得创业管理商业学士学位继续进修学习。这个项目吸引了许多三十岁左右的上班族。基于团队合作的快节奏的教育学方法要求每个成功的申请者证明本人有三年以上的全职工作经验和两年的大学(大专)教育经历。

在创业教育者眼中,这其中的弊端是显而易见的。其中有三点最为显明显:1)虽然在职人员在创业初期比毫无经验的青年人表现更突出,但他们却很难在现实生活中开创新的事业(更高的创业机会成本以及更多的家庭和工作义务);2)虽然团队成员之间的差异增加了他们思考问题角度的多样性,但这也阻碍了最典型的体验式练习;3)所有讲座类型的内容是不同步的,这意味着大多数讨论会像麻省理工学院的翻转课堂那样,不存在真正的课堂。

因此,我的课程设计和教学风格颇具实用性,并且在这个独特的环境中也称得上效果显著。我侧重于以下几个要素:使用易理解的、简明的和令人信服的阅读材料,这样可以适合即使最忙的学生阅读;进行适当的对等对话,使学生能够从他人的经验中搜集信息;开展现实生活的体验式练习,因为学生在使用互联网时,就已经迈出教室走向社会;利用在线学生已经一只脚迈出教室走向社会的事实,鼓励学生关注所有具有实用价值的、好就业的专业(最好是一个针对高增长行业中创新公司的咨询项目,而不是某个队友白日梦般的、行不通的商业计划)。

过去的几年中,我在课堂上应用的这些在线教育催生了数十个社会企业新秀。其中一个著名的典范是"义工旅行"网站(www.GoVoluntouring.com),它在成立五个月后就被澳大利亚旅游大亨福莱森特旅游公司(Flight Centre)收购了。我估计这家公司的收购价格至少应该是几百万。

尽管我们中的大多数人花费了几年甚至几十年的时间，通过培训、实践、调查研究和获得各种荣誉称号，填满了个人简历；我相信，高等教育，尤其是在线教育所面对的变化将要求我们重新审视我们作为教育者的价值和意义。把我们自己想象成是教练（而不是演说家）可能并不是一种曲解，因为值得庆幸的是，主动学习这件事已经进行了几十年。正如马尔科姆·格拉德韦尔在《引爆点》(*The Tipping Point*)（Malcolm Gladwell, 2002）一书中所说，适应连接器这个角色对教育者来说可能并没有那么容易，因为他们早已习惯把人际关系网看成是对认真工作的一种干扰。我认为教育者强大的职业关系网将决定学生的未来。这些学生在评估和比较着两种教育模式的成本和体系——一种比较传统，另一种更加灵活、成本效益高且越发充满生机和活力（如慕课）。最终，在一个"自带设备"（bring your own device，缩写为BYOD）的时代，学生学会如何学习将远比他们学到的具体知识重要得多。如果知识已经普及到任何有文化的人只要能使用互联网，就可以学会分娩或在几分钟内开启顽固的割草机，那么，教授就应该接受他们作为管理者的角色。"监管"原本是博物馆的导游人员使用的术语，近几年来成了一个热门的硅谷流行语，这得益于品趣志（Pinterest）、轻博客（Tumblr）以及其他网站的兴起。人们可以通过这些网站搜集和展示他们觉得有趣的、鼓舞人心的或提升美感的链接或图像。考虑到如何获得有影响力的职位，我认为人们很自然会对重塑一些我们熟悉的角色产生抵制情绪，无论这些角色是苏格拉底还是给知名博客和TED演讲做音乐播放员。尽管如此，我恳请大家思考如何为未来创造价值，这需要我们清楚哪些知识值得学习和去哪里可以学习到这些知识。

我认为，杰夫是新一代的创业教育者，他全心全意地为学生创造即时价值。他的观点是正确的,未来掌握在我们手中。因此,我们绝不能妨碍学生获得知识,否则他们就会向他处寻求帮助。与此相反,许多教育工作者不顾学校的要求,不惜一切代价要回避 2.0 技术。这样做是毫无意义的。如果我们同意创业在本质上是社会变迁的过程,而创业者是促进社会变革的原动力的话,他们就需要用当今先进的工具来采取行动。如今,"游戏"的名字是 2.0。变化是飞速的和无法预测的,但对技术的依赖仍是当今变化的大方向。

考虑到目前为止本书所讨论到的诸多主张,我认为首要的是每个学生独特的学习方法和学习动力。我们正在迅速摆脱使用单片技术(monolithic technology)——例如,老师要求所有学生都来到同一个实际空间(即教室),通过具体学习某部教材共同进步(Christensen, Johnson and Horn, 2008)。技术允许学生"定制"自己的学习,这就像我们作为客户与跟我们有业务往来的企业进行互动一样。我们身边到处都是这种变化,学生需要我们帮助他们跨越他们与这些变化之间的鸿沟,并使他们在这个不断变化着的世界里获得自信。

新兴做法的事例

查尔斯·万科尔(Charles Wankel, 2010)在近期出版的书中讲述了社会媒体在商业教育领域的尖端应用。这给我们提供了一个有趣的视角,可以一目了然地看到"何人正在做何事"。该书的出发点在于许多学生都生在数字时代,他们已经掌握了多种可以在商业环境下进一步开发和应用的技能。虽然这是不争的事实,但该书没有看到越来越多的成人学习者正投身于创业教育,并且他们中的许多人并不擅长使用数字产品。

暂且不谈这点,我们可以思考一下教育者如何在相关领域使用科技来培养自己的意识和技能。大多数教育者都使用网络电话(VoIP)(比如讯佳普)与同事和家人交流,那么他们为什么不使用这一技术与学生交流？对于不能离开工作岗位同时又得照顾家庭的成年学习者来说，像讯佳普这样简单的社交媒体就能为教育者和学生提供交流途径来讨论学习任务和（或）小组项目。这听起来很简单，它也确实如此简单。越来越多的教育者正通过更新博客或其他校外资料为学生提供更为丰富和更有意义的学习体验。

显然，一个教育者的私人生活与工作时间总是有交集的，但他们却很少使用线上科技进行教学。然而，一旦我们跨过了这一界限，便有可能高效地使用这些技术，其他界限也就不会如此分明。就像我们秉持着不同的教学理念一样，我们对学生在什么时候可以联系自己而什么时候不可以也有不同的观点。就个人来讲，我认为从早上9点到下午5点这个时间段可以让学生咨询问题。我们应向学生说明，随着学习的深入，他们可以在课后的某个时间段在一起交流，并且这种方式会逐渐成为一种新的学习模式。

还有一种可能是让学生通过组织、协调和（或）评估不同的知识共享空间来互相帮助。这样，即使我们不在场，团体实践依然可以得以进行并在某些方面替代我们的工作。或者，我们也可以到场并指导学生利用网络。举例来说，我们可以给学生设置挑战，让他们做一个商业广告，然后发到网上寻求评论（反馈）。众筹（crowdfunding）需要的正是这些技能，我们要确保学生能在这一新领域游刃有余。而虚拟世界的出现也在重新塑造着创业教育。我的朋友彼得·哈林顿（Peter Harrington）是一款商业模拟经营软件SimVenture的联合创始人之一，我一直感叹他总是有精力和热情重新界定通过经验学习创业的意义：

> 当我首次作为演讲嘉宾被邀请来与学习商业和创业的学生一起谈论自己创立和经营公司的经历时，他们把我看作课堂中的焦点。为此我有些受宠若惊，所以我非常努力地想让自己与这八十多位学生的相

处有意义。在此期间，我并非简单地向观众泛泛而谈，而是将重点放在吸引人的活动上。幸好，这个下午没出什么大岔子，顺利过去了。没有人昏昏欲睡，也没有人中途离席，我觉得周围笼罩着一股奋发向上的气氛。

在接下来的两年中，我也受邀在包括学术场合在内的很多场合担任演讲嘉宾。不知不觉中我发现，教育者缺乏实践经验或缺少适合且具有启发性的教学资源，会影响某个学科的教学质量、进度及准确度。在我看来，当我受邀作为评委出席一所大学的创业计划大赛时，资源问题变得尤为突出。这场赛事本应是一场精彩的课程展示。然而，无论是学生的言行举止（他们把原企划呈现给了七位评委），还是他们提出的假设的质量和可行性，都让我觉得这种带点儿虚假的学习方式不能增加真正的价值。

我的学术经历推动了更大范围的市场研究，这些研究旨在探索初期创业者是如何学习和接受教育与培训的。研究结果与我之前的发现很一致：在四年时间里建立了 SimVenture 这个企业模拟场，小组成员聚集在一起思考事情的方方面面，保障人们可以毫无风险地创立和经营虚拟小型公司。这个由学生、教师和初期创业者共同参与的研究表明：传统的、说教式的创业教育方式效果并不尽如人意。更重要的是，我觉得这次研究揭示了能够为提高创业教育资源质量奠定基础的三大基本准则：

• 引发思考的经验性资源通常会让接受创业教育的学生更有学习热情，因此也更加关注他们自己的工作。

• 资源应尽可能真实，这样学生才能在真实的情境下学习，进行有意义的思考并认识到工作的长期价值。

• 资源应是可持续且能够灵活使用的。教育者的时间通常很紧张且受到课程的限制。若教育者能成为学生工作上的促进者，教学就会达到最佳效果且事半功倍。

2006年我们开始采用这种模拟游戏的方法。它似乎十分适用于创业教育，该方法采用了适合的技术，促进了个性化（团队）学习，要求学生不能被动地接受信息，而要根据经验进行行动并做出反应。与此同时，模拟游戏的方法也为用户提供了进行决策并获取数据的机会，由此为后期的模拟反馈和展示提供了丰富的内容支持。

如今，SimVenture已经在四十多个国家得到了广泛应用，为教师和学生提供了明确的商业情境。这一资源帮助教育者了解了小型和微型企业是如何运营的，也培养了学生的思维模式，由此体验到不同的商业准则是如何组合在一起的（而非填鸭式的课程学习）。为了让SimVenture更具真实性，模拟游戏在运行时不能有任何误差。学生必须同时管理资金、注意时间、培养各种技能并留意自己的疲劳和压力程度。即使模拟游戏有不同的难度等级可供选择，学生也必须依靠自己去面对游戏中所有相关的挑战——而不是寄希望于碰运气。SimVenture旨在激发学生的学习动力并培养思辨能力。事实证明，世界上任何一个经济实体都需要更优秀的新兴企业和更高的企业存活率。我们应该给予学生最好的机会，让他们真正开始成立或经营公司之前尽可能多地经历实践和失败，这一点至关重要。

我相信在我们周围像彼得·哈林顿这样的创业者以及像SimVenture之类的创新之举会越来越多。这些创业者和新企业自身都得到了很好的发展，并且为学生带来了巨大的价值，这一切都是大势所趋。但这种创新会给创业教育者带来或多或少的挑战，问题在于是何种挑战以及如何应对挑战。

创造"新世界"的许诺

现在有大量的网络平台可供教育者使用,这将从根本上改变创业教育的教学方法。当我们回顾过去 20 年间全球发生的变革时,我们是否感到很惊讶?仅有自己创业的经验,我们还不能胜任商学院教育者一职。我们要起到示范作用,与他人合作获得新知识,以确保学生的学习适应当前世界的发展趋势。我们要利用像 SimVenture 这样的平台为学生提供机会接触我们并不擅长的领域。

此刻我十分激动,因为我感觉到空气中弥漫着一种创业的氛围。创业教育工作者的实践不只影响了学生,也正日益渗透到世界范围。创业教育的内容因一种目的而生,又因其他种种原因得以发展。教育者用在创造资源上的时间变少了,他们将更多的时间用于指导学生获取他人的资源。这一变化一方面是振奋人心的,但也是一种潜在的威胁。在这一变化的前后,如果我们不能在学习活动中自己创造出足够的价值,那么我们在学生教育中所扮演的角色就可能会被弱化。

我由衷地相信,我所认识的大部分创业教育工作者在探索运用这些科技的过程中都表现出极大的好奇心。我认为我们就像是一个不断成长的创新体,因为长期以来重复着特定的学习活动,如今已经"坐立不安",想要变革了。

反思我的实践

我承认我有些陶醉于自己运用科技的方式。然而,我搭建平台并不是为了传授课程,而是把科技"交给"学生的想象力,让他们自由使用。我把个人比较喜欢的一种训练称为价值创造挑战。这种训练为学生(以小组形式）开发网站和形成独特的价值主张提供了机会。除此之外，学生也必须为网站开发一种合适的社交媒体策略，并执行、监督该策略的应用情况。这一任务是专门设计的，旨在使学生得到锻炼。在没有任何正规指导的条件下，学生只能组建研讨小组，讨论如何创建网站并使用社交媒体吸引网友浏览网站，从而寻找成功之路。学生可以创建任何主题的网站（除了与色情、暴力等相关的内容）。我鼓励学生在评估期创建一个发布有关世界时事的网站。一般情况下，学生会把重点放在体育事故、幽默或与旅游相关的主题之上。他们的任务是寻找能够抓住网友兴趣的内容，吸引他们浏览网站。

我发现大多数学生只是把社交媒体当成社交方式，在轻松之余忽视了策略的使用。因此，他们会发现要驾驭这些工具易如反掌，但他们也需要在引导之下学会如何利用脸书（Facebook）、推特以及领英（LinkedIn）等工具。当我给学生展示如何把电子邮件这种简单的技术当作策略工具时，他们感到非常神奇。一旦学生创建了自己的网站并准备好自己的社交媒体策略时，我就会介绍这种评价方式。这个评价过程通常会持续10—14天，每组获得的每日数据报告是学生学习的关键，这让学生可以评价自己的表现并努力保持或进一步完善自我。

这一挑战确保我能够解决学生学习过程中"教学"方面的一系列难题。它使学生在当今日益发展的网络经济环境下学到具有极高价值的技能。而学生通常要通过实践来锻炼这些技能，而非仅仅停留在"听"的层面；学生一旦具备了这些技能，就可以将其轻松地重复运用到其他领域。我也意识到创业教育本身并没有对创业者的心理健康问题给予足够重视。学生可以轻松地出入课堂，随意转换注意力。作为教育者，我们很清楚在实际生活中创业者没有如此奢侈的条件，他们的梦想与冒险不论好坏，都在时刻折磨着他们。这一挑战将学生的成功与他们在真实挑战中的组织能力联系在一起，这样一来，懒惰、注意力不集中或是在行动中迷失的学生便无所遁形。

学生要在这一挑战中取得进步也非易事。学生会面对一系列的评价标准，这些标准主要针对他们的组织能力、评估表现以及自我评价的公正性。学生的失败可以得到谅解，但是他们不能掩盖自己的失败。一般来说，这一挑战为学生提供了面对现实的体验，让他们在刚刚接触的、陌生的社会现实中痛苦地检验自己的假设。然而，每次使用挑战机制都会让我对挑战更有自信。学生愉快地成长着，并骄傲地向我展示着他们是如何通过自己刚建立的网站来完成个人任务和（或）团体活动的。毋庸置疑，我们能给予学生的最好的礼物就是让他们独立地在"2.0世界"中闯荡。

总　结

> 我要继续完成的任务是探索陌生的新世界，寻找新的生活模式以及新的文明，大胆地朝着前人尚未踏足的领域前进。(*Star Trek*)

我祝愿大家在前往未知世界的旅途中一帆风顺。我经常听人提起"红色皇后"理论（Van Valen, 1973），这一理论主张：在一个不断进化的系统里，个体需要不断进步才能保持竞争力；同时，个体与系统也在共同进步。本着这种精神，我希望大家在陌生世界的探索中一切顺利，愿你们能够发现奇妙的新科技，并创新地运用这些科技促进学生的成长。

第十章　创意与创业计划

第一次接触顾客就能成功的创业计划并不存在。(Blank and Dorf, 2012: 35)

在当代的创业教育中，创业计划可能是最具争议性的话题。我不会试图隐瞒自己的个人偏见，我也觉得没必要要求班上的每一个人都撰写创业计划。同往常一样，大家必须在这个问题上确定立场。我不会盲目地赞同某个精益创业（Ries, 2011）或客户开发方法（Blank and Dorf, 2012）。同样，我也看到在创业教育中落实这些想法时存在的问题。我也不会为效果逻辑理论而争论不休（Sarasvathy, 2008）。剩下的问题似乎没有什么可以讨论的了？但我不这么认为。本章要讨论的是在大多数日趋流行的方法中常见的问题——天真和（或）迟滞的假设。

本章讨论的是对学生的创意的评估，帮助他们走出第一步，了解市场、社区和最终用户。基于第八章讨论的意义建构框架，本章旨在提出一个非规范性的框架，让学生先行动后计划，而不是先计划后行动。要确定学习时间，我们应该优先考虑学习结果。让我们简要地讨论下围绕创业计划问题引起的争论。

创业计划

在学术界，创业计划一般对创业教育起着主导作用。创业计划通常被视为一种风险管理机制，并可由此带来内部和外部利益（Barringer, 2009）。从外部利益来看，潜在投资者大体上可以通过创业计划了解创业者的机会以及实现该机会的规划。从内部利益来看，这是一个可以帮助创业者按正确轨道行走的"路线图"。当我们把这两种观点结合在一起的时候，就会得出一个简单的逻辑，即为什么每个创业者都要在创建新企业之前撰写一份创业计划。在学术界，研究者对"路线图"这个类比都非常关注，如希里奇、彼得斯和谢泼德（Hisrich, Peters and Shepherd, 2010）都赞同这一观点。也就是说，如果我们打算去某地，就要增加到达那里的机会。然而，在学术界范围之外，使用创业计划的方法似乎越来越站不住脚了。

许多人常常戏谑称创业计划是纯粹的小说作品，是记录某个商机的文档，而在详尽的创业计划撰写之前，几乎没人理解这个商机，因此，很有可能使人们走错方向（参见 Mullins and Komisar, 2009）。其他人则认为整个过程被大家复杂化了，其实我们只需鼓励初期创业者大胆尝试，再看看发展情况（Guillebeau, 2012）。他们认为，作为教育者，我们必须确保没有经验的学生在撰写创业计划的过程中不会太过自负和傲慢。

不撰写创业计划的理由

然而，在这场争论中，学生学习的本质往往被忽略了。这里似乎成了学者们表达他们相信或怀疑的意见的场所。但我们不应该仅仅依靠个人观点向学生传授知识。琼斯和佩纳卢纳（Jones and Penaluna, 2013）最近的研究提供了八个论据，证明了为什么对大多数学习创业教育课程的学生来说，撰写创业计划是件耗时而低效的事。

未经证实的成效关联

尽管"提前计划可以提高最终成效"这种说法比较合乎逻辑，但没有多少实验证据能证实该观点。兰格等人（Lange et al., 2007）认为，如果不需要筹集大量资金，就没有必要撰写创业计划。毕尔克（Bjerke, 2007）也支持这种观点，认为创业是不可预测的，因此创业计划就显得过时了。比尔·拜格雷夫（Bill Bygrave, 2010）提到过一句温斯顿·丘吉尔的名言，"无论战略有多么精密，结局才是最重要的"。如果我们把上句话中的战略换成创业计划，那么这句新名言则暗指创业计划的支持者所面临的困境。兰格等人的研究也不能充分证实创业计划写得好就一定能获得超凡的表现或可以创建公司。实际上，在进一步拓展丘吉尔的观点后，我们就能得出结论：制订计划不等同于提高创新能力以及获得竞争优势（Rankin, 2008: 37）。我认为这些才应该是创业教育的侧重点。

创业资金需求现状

每个学习创业教育课程的学生都应该在包里随身携带一份创业计划书，然后潜伏在电梯里幻想着自己"中头彩"般地撞见一个风险投资人，这种设想纯粹是个神话。大家可以问问自己，在你们的学生中有多少人在学习期间或之后能够直接获得风险投资人的资助？假设答案是不到1%，那么我们就要确保自己关注我们学生的生活中最有可能发生的事情。根据创业过程和后续对大量资金的需求，我们便可以预测出创业计划的内容。事实上，绝大多数初创企业（无论优劣）最初都没有获得任何此类资金的支持（Shane, 2008）。沙恩主张，我们不应该向所有人过分地吹嘘"通过开公司创业"的途径。的确，如果我们盲目相信通过假设得来的观点，便很可能为了资本融资而忽略很多需求。事实上，创业者的资源配置往往都比丰富的想象力更为实际。

假设学生总会有好创意

如果老师让学生全神贯注地设计创意，然后撰写创业计划，这也说明学生有能力提出好的创意。可能有的人会反驳说，如果让学生撰写创业计划可以帮助他们检验自己的创意，为什么不干脆一开始就让他们写呢？由此产生的一个颇具逻辑性的问题是，如果创意从记录（评估）策略而不是生成策略开始，是否是一种本末倒置的做法？结果，年复一年，学生的创意类型往往很相似。对我而言，这似乎预示着一种平庸。每年的学生群体都会具有明显的多样性，那么他们理应带来全新的创意。但我们得到的似乎只是适合于撰写创业计划的创意。

创业计划过程培养的思维方式类型

回顾大脑可塑性这一概念时，我们需要再次提出这个问题：我们正在努力培养（鼓励）的是种什么类型的思维方式？琼斯和佩纳卢纳（Jones and Penaluna, 2013）指出，认知神经学研究证实：规范性评估策略限制了学生发展全新且富有挑战性的思维模式。用激励方式挑战学生超越自己现有的智力水平是比较理想的方法，但撰写创业计划实际上并不能达成这个目的。事实上，我们想让学生在交流新想法和进行情景展望时体验兴奋感。当然，实现这种目的非常困难。我承认，很多创业教育工作者非常擅长帮助学生写好创业计划，但通常我们最想培养的是一种思维类型。不过，这种"副产品"在毕业生身上却很少见到。

学生的实际生活轨迹

你的学生都来自哪里？他们又会到哪里去？在他们求学的这段人生经历中你是否看到有人正在使用某个创业计划？我认为，我的学生中只有为数不到10%的人想要开拓新领域并且需要外界投资的支持，因此他们应该有一份创业计划。然而，这种经验和知识不应该以牺牲其他学生的时间而得来，因为这 90% 的学生不需要依赖创业计划。依我个人的情况而言，我会利用其他资源指导学生制订和撰写创业计划。在这个过程中，对于那些需要帮助的学生来说，我是他们的导师。然而，大多数人的需求毕竟比少数人的需求更重要。在这种情况下，我的立场并不取决于我对创业计划的态度，而是取决于课程的有限空间和急需讨论的问题。

设计创业计划的新方法

如果假定客户刚一接触创业计划就将其否决了（Blank and Dorf），那么或许我们不应该让客户接触这份计划，而是让学生平静地完成工作。说真的，我支持不成熟甚至有些错误设想的创业计划。布兰克、多尔夫和里斯（Blank, Dorf and Ries, 2010）都赞成在培养客户的同时开发产品的想法，这样做也的确合理。他们将重心转移到计划的基础上——计划内未经检验的假设。

对学生而言，让他们盲目地等待上天眷顾，再匆匆忙忙地按未经检验的假设创业，会使其错失很多机会。学生倒是很乐意这样做，因为他们觉得自己面临的最大障碍是教育者对他们孰优孰劣的评判。阅读学生撰写的创业计划书时，最明显的问题是预期的现实和假设的现实之间存在明显脱节。如果我们仅仅判断学生假设的好坏而不进行实际检验，就等于帮了学生的倒忙。

虽然客户开发和精益创业方法具有值得称赞的地方——让我们的学生得以走出教室，看到设想与现实的碰撞。然而这个方法中仍然存在一些缺陷。我们不能假设潜在消费者一定会成为消费者，也不能想当然地认为他们清楚自己应该知道什么。同时我们不能想当然地认为自己的想法最重要。因此，虽然我支持这种做法，我还是主张不要急于"推进"你的设想或急于假设哪些领域存在风险。事实上，就创意评估而言，意义建构框架将比其他方法更有可能产生大量额外的和可能更重要的假设。

我的想法主要基于现实生活中发生的事情，而不是什么高见或一厢情愿的想象。

效果逻辑

创业教育领域中的很多研究为效果逻辑概念（Sarasvathy, 2008）的产生奠定了基础。里德等（Read et al., 2011: 7）把效果逻辑看作"利用多种不断变化的方法实现不同的新目标。效果逻辑推动了创新和变革的策略的产生。它是专家型创业者在创建新公司的过程中从启发式教学法的角度为其命名的"。这句话是否使你有所顾虑？我确实有顾虑。因为该理论似乎源于专家型创业者。我所担心的是以专家认知能力构建的理论可能不适用于初创企业者。作为教育者，我们甚至都没有与经验丰富的创业者或初创企业者合作过。坦白说，通常情况下，我们的合作者甚至都不是初创企业者。不过暂且让我们把这种担心放置一边，进一步了解效果逻辑，探讨如何将其运用在创业计划的撰写中。

里德等（Read et al., 2011）将创业计划看作一种营销工具，是一种用作与目标"观众"相互沟通的机制，其目的是创造新价值。他们鼓励大家更加关注风险，而不是盲目乐观地强调某个特定创意的优点。所以我们要关注可能会遇到的"瓶颈"问题，并探究问题产生的原因，以便找到解决此类问题的办法。这听起来像是线性的、传统创业计划的改进版。在这种情境下，学生在寻找潜在问题的解决办法时应该进行横向思考。

因为投资者和（或）永久存在的创业计划竞争需要这种商业资料，所以计划被视为"必要之恶"。里德等（Read et al., 2011: 154）认为"随意的创业计划与有效的创业计划之间存在着差异……有效的创业计划并不是一个计划——它仅仅是随着公司的发展一遍一遍被撰写的交流工具，并且要根据不同的股东呈现出不同的内容。为了做到诚信，计划制订者要尽力建立预测模型。但需要明确的是，他们的目标不是为了实现这个计划，而是要尽全力为每个参与者共同创造价值"。现在，我已经偏离了整个过程。随着新企业的发展，当创业计划与当时的现实情况出现不一致，专家型创业者需要不断改写计划。于是在创业计划的基本理念与研究生的实际情况之间出现了明显的"混搭"。因此，我认为这种方法过于依赖很有可能是错误的假设。在这种情况下，错误假设的产生要归咎于计划撰写者而不是创意。

培养灵活性而不是制订单一计划的要求

当学生撰写创业计划时，我们试图培养的是学生的哪些能力？创业的许多定义中都包含创造力和（或）创新能力，但在创业计划这个情境下，对这些能力的评估仍存在问题，甚至在很大程度上忽略了这些能力。正如皮塔威和爱德华兹（Pittaway and Edwards, 2012: 293—294）所总结的，"有必要进行深层次的研究，探索在商科院校之外的学科中创业教育的评估实践……（其他领域）……其他形式的创业教育和评估实践往往更具反思性，对利益相关者更具吸引力，更易接受模糊性，在本质上更具形成性"。许多教育者根据评估计划的执行程度和（或）提案的可行性来给计划打分。

随着创业计划成为教学焦点和学习工具，我们会鼓励学生找寻单一的线性解决办法，而不是考虑各种可能的解决办法，这样做可能会形成一种适应模糊、转变和变化的方法（Jones and Penaluna, 2013）。我一直很喜欢沿着这条路线走。学生展示他（她）的创意，说明创业需要的基本要求。我们会从资源配置、消费者、市场和技术等方面评估创意的可行性。若这个想法有可取之处，我们便让学生走出课堂，去弄清楚在没有任何假定资金资助的情况下创意如何运作。如果给学生提供其他几种备选方案，他们会表现出令人吃惊的想象力。

总而言之，在简要讨论上述八个问题的过程中，我们讨论了传统与非传统创业计划所面临的诸多挑战。我认为传统创业计划的主要局限在于，它通常太过曲高和寡——只能依靠教育者判断其好坏。对教育学生而言，这还不够完美。因为这种方法不具挑战性，也没有完善的激励机制。它只是一项有待完成的任务。很多教育者认为创业计划在学生的教育中起重要作用，并且他们在这种教学环境下可以调整自己的教学方法。

行动和（或）计划的原因

"创业计划，虽然经常被批评为光荣的梦想，但是对于刚起步的创业者来说，它可能是唯一最重要的文件。"（Hisrich, Peters and Shepherd, 2010: 187）前面已经指出（Honig, 2004），在美国，全国大学前100所学校中的78所学校都比较青睐创业计划。假设第二个主张是真的，那么显然我们可以假设，学习创业教育课程的学生将在他们未来人生的某个阶段开始创立一个新的公司。所以，公平起见，我们认为那个假设是合理的，让我们假设学生很可能会创立一个新的公司。

布里奇和赫加蒂（Bridge and Hegarty, 2012）详尽地阐述了创业计划在高等教育中的应用。他们发现人们期望创业计划能发挥作用，捕捉到课程当中所有的关键要素。这是创业教育领域文献中大家普遍认同的观点。这与史蒂文森等（Stevenson *et al.*, 1999）的观点也是一致的，他们认为创业计划是一种针对公司阐述其关键环节、基本假设和财务预测的文件。同时这个文件也被用来为一个全新的商业概念吸引他人、资金或其他方面的支持。简单来说，"创业计划就是你打算做什么，在哪做，怎么做，需要什么资源（你的内部和外部资源），期望达到的可持续性程度及表现"（Jones, 2011: 126—127）。再次申明，假设学生有创立公司的愿望。

因为目前大多数学习创业教育课程的学生并不会创立一家公司，所以，我们需要另寻理据来说明为什么将其纳入我们的课程之中。的确，为了成功而计划是非常明智的。毫无疑问，如果有贷款机构和投资者想要对投资进行评估时，我们就有必要提供一份创业计划。之前，我提到过从过程的角度支持创业计划（Jones, 2011: 127）。支持这一观点的理由是"理解创业计划的过程很关键，该过程可以帮助学生了解如何收集相关数据，并让所收集的数据更有说服力"。更进一步说，"学会根据不断变化的数据调整设想是创业者和（或）内部创业者要掌握的重要技能"。同样，"不管最后这种设想是否开花结果，制订创业计划的过程（如果加以适当的指导和管理）都是一种非常好的学习工具"。

令人愉悦的是，我感到形势正在改变；事实上，现在争论的双方都可以采用各种不同类型的混合方法。国际教育者调查的结果证明了我的想法。教育者们被问到这样一个问题：与先撰写创业计划再为假定消费者提供产品和服务相比，在实际开始计划阶段之前让学生先与假定消费者见面是否更重要？加拿大全球信息经纪人公司的莫妮卡·克罗伊格要求学生先与客户进行谈话，这可以开阔他们的视野，引导他们做出未来决策。她认为创业计划是一种决策计划，他们需要第一手资料作为研究储备。虽然她觉得学生在与客户谈话之前有必要将想法写下来，但要做出决策是离不开与客户的交流的。

英国剑桥大学的简·诺兰博士认为没有客户或市场就意味着没有商机。简·诺兰让她的学生思考未被满足的需求、潜在客户、潜在市场、市场规模和市场动态。但这些都是真实的需求吗？这些需求会持续下去？如果答案是否定的，则简·诺兰觉得撰写创业计划并没有意义。同样地，南澳大学的彼得·巴兰在研究生课程中将采访创业者作为他课程的标准与第一要求。他还要求每一个学生与目标客户进行面对面的访谈。彼得坚持认为如果一份创业计划没有来自目标客户的书面证据支持，这份创业计划就没有太多的价值。

当然，环境也很重要，因为不是只有商业学校才开设创业教育课程。英国伯明翰城市大学的安妮特·诺丹选择了行动至上的方法，但即使使用这种方法也需要制订某种计划。安妮特不要求学生写创业计划。从根本上说，创意构想和创意呈现与通过人际关系网和潜在客户验证创意之间总是存在一种平衡。安妮特让学生将重点放在实地调研而不是案头研究上。英国谢菲尔德大学的埃琳娜·罗德里格斯－福尔肯也认为环境很重要。埃琳娜教授的学生是工程专业的，该学科领域明确鼓励学生要先和客户见面，然后再评估客户的需求（市场研究），并且要在产品商业化（创业计划和市场营销）之前找到（工程方面的）问题的解决办法。

当然还有许多其他教学方法也将创业计划纳入学习范畴。俄罗斯莫斯科国际商业学校的埃琳娜·佩雷维泽娃副教授采用了一种动态教学方式。在课程期间，埃琳娜要求学生制订创业计划并付诸实施。在结束课程之后，他们可以进行创业计划竞赛，并能将竞赛结果交付给潜在的客户。或者，还有人认为，创业计划是伴随着其他学习结果一起产生的。新西兰梅西大学的比尔·柯克利博士鼓励用概念验证法维持物价，这是一种验证和实现的方法。它强调进入市场的速度，创业计划在大背景中继续进行，并且作为获得进一步投资的主要方法。同样地，美国加州州立大学助理教授埃里克·利戈里在他的所有课程中都强调行动，让学生通过行动获得概念验证，而创业计划通常排在第二位。

考虑创业计划的原因

对使用和（或）调整某个创业计划的过程，大家都有自己的不同立场，了解大家的立场很有意义。正如第八章所提到的，我的立场是学生的首要任务是了解商机的环境和开发某个创意时可能采取的战略。只有当学生确实知道当下的选择类型，他们才能或者应该考虑撰写创业计划或使用其他方法。

我的方法是与众不同的。对学生而言，最简单的事情就是列出一个很长的设想清单。然而，在现实中，如果这些设想与最终支持（或反对）创意的选择过程毫不相干的话，他们就是在浪费自己和我们的时间。虽然创业者可能会改变自己的选择性环境及生态环境，但我们却不能认为这种做法是理所当然的。

这又把我们带回到本章开始时我提出的那个目前很多方法中都会出现的问题，那个天真的和（或）迟滞的假设。我认为作为教育工作者，我们有义务确保学生能够接受我们准备教授的内容。我们需要确保整个过程没有使用太多抽象的概念。我们需要确保学生能够在此时此刻学习并且展示所学到的东西（Whitehead, 1929）。

学生的知识、经验、动机和愿望各不相同，因此我们必须小心谨慎。然而，有一个方法可以使每个学生都充分利用自己的知识和经验，同时提高他们的积极性。为了总结这一章，我们必须回到以培养理性冒险者为中心的想法上来。他们就是我在这个过程中想帮助的一类本科生。我所坚持的特质以及自主性发展的特质有助于受束缚的冒险者的发展。

平凡中的不平凡

崭新、奇异或奇怪的事物常常会吸引所有人。与我们不同，理性冒险者总能在平凡中发现不平凡之处。不知何故，他们在平凡之中总能看到和感受到更多的东西（Heath, 1964: 34）。

上述精彩的言论似一块神秘的智慧瑰宝，让我们有机会从中受益。假设学生能够构思和撰写创业计划，这其实忽略了他们真实生活中的现实。这种假设要求学生必须具备教育工作者那种启迪智慧和分享认知的能力，但他们可能并不具备这些能力。实话实说，很少有学生撰写和他们自己亲身体验过的事情相关的创业计划。他们更愿意写那些自己思考过但很少经历过的计划。图 10-1 展示的就是我的思考逻辑。

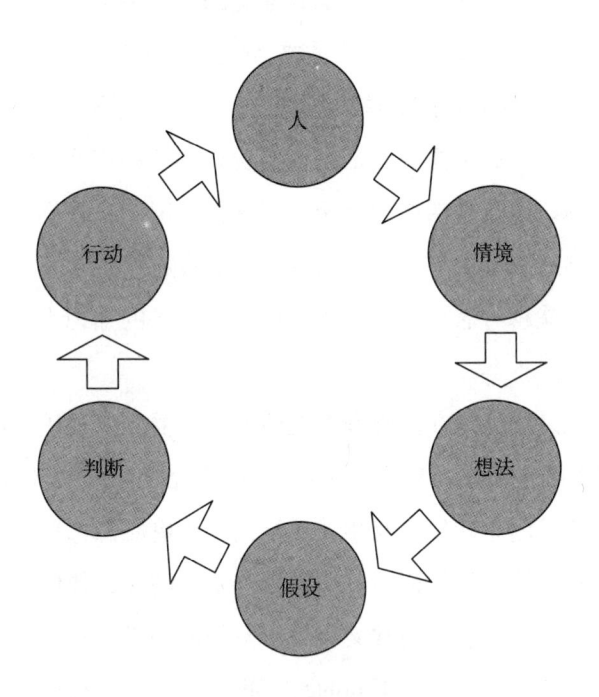

图 10-1　情境学习圈

我的学生都是普通人，他们都有不甚合理的想象，有开拓未来的活力，也拥有其他人不具备的渊博知识。当我阅读创业计划时，想起了这些"老生常谈"。学生无法预测未来，也（或）不知道他们的创意在未来世界中会是什么样子。他们见到我之前已经下了很大决心，但这些决心在很大程度上是盲目的，而且没有商量的余地。然而，当我们以教育工作者的身份走进学生奇妙的个人世界中时，我们总能发现他们确实是他们世界中的专家。

我认为这一定是学生思考问题的出发点，不管他们是否看到现在和未来之间的连续性。如果作为教育工作者的我们不能理解学生的世界，以及他们的世界中想象和现实之间的差距，我们就是在鼓励幻想而已。如果我们没了解到学生的实际能力已经超出他们之前的决心，我们就是在鼓励白日做梦。如果我们没意识到他们的知识和能力，我们就忽视了他们的伟大。其他的一切其实都不重要。而他们是否写了计划更加不重要。

图10-1阐述的就是按照这个思路进一步思考的逻辑。一个人是无法变成另外一种人的。个体通常都是他们所处环境的产物。因此，他们所追求的想法应该源自生活中的经历。在这种情况下，根据自己的知识水平和能力做出的假设更有可能成为现实。假设越接近现实，在评估创意时所做的判断就越可靠。因此，他们将依靠自己的知识水平以及能力实现自己的创意。

下一章将讨论的是在何种程度上他们还要受到其他因素的制约。总而言之，重要的是，作为从事创业教育的工作者，我们既不能盲目拒绝，也不能盲目接受创业计划以及相关的计划。我更愿意选择让学生运用意义建构框架来评估自己的创意。如果处理得当的话，他们会发现结果会不如他们所期望的，然而通常又会高于他们的假设。在本章中，我的方法里融入了许多其他方法。不同的是，我觉得学生会从这些方法中选择适合他们生活环境的部分来解决自己的问题。

最后，希望大家花点时间去反思下自己的教学方法。你是否为学生规划了发展方向，还是让他们自由地探索和成长？我们的教学方法肯定有所不同，这并没有什么，只要我们都在致力于培养学生的多样性。套用希斯（Heath, 1964: 35）的话，我看到所有的学生对知识有深刻的理解，这不一定是因为他们更聪明，而是因为他们已经具备了经验。

第十一章 联系行动

> 对金子的欲望并不是为了得到金子本身,而是为了让自己掌握获得自由和利益的方法。(Emerson, 1904: 234)

学生们想要获得什么?作为教育者,我们又能给他们提供什么?作为创业教育领域的工作者,我有时会心怀愧疚,因为我并不清楚在师生共建的学习环境中,自己给学生带来的影响是利还是弊。我担心自己妨碍了学生接触其他学者认为非常重要的传统理论,同时也担心自己让学生纠结于对自己身份的认知以及他们和社会变化进程之间的联系。我反复地问自己,作为一名创业者,我的个人经历是不是过多地影响了学习者?我也想知道为什么我的研究生中很少有人创业。他们拥有创业的体验,却为何放弃创业?经验告诉我,学生面前的路很多,但是他们应该选择或能够走下去的道路却并不多。

心灵之路

在本章,我将与大家一起分享我作为教育者与学生之间的那些最亲密的点点滴滴。我邀请大家走进我们的世界。在这里,学生的现实生活总是能击败我心中的种种内疚。我要和大家谈谈我是如何踏上一条心灵之路的。接下来,我要描述的这些瞬间意在激发你们的思考,也真心希望当你们踏上那条我的学生曾走过的认知之路时能产生同样的思考。现在，我要和你们分享的实践活动遵循了团队意义构建过程（参见第五章）。

这一过程开始时，我首先向大家描述一个情境，这段话摘自卡洛斯·卡斯塔尼达（Carlos Castaneda）的《心灵之路》(*The Path with a Heart*, 1968: 81)。我在课程结束时把这段话分享给我的学生。本书即将接近尾声，因而在这儿与大家分享这段话再合适不过了。接下来，我要讲述的是学生对情境陈述的体会以及他们在小组意义构建过程的四个阶段中做出的贡献。这些体会反映了他们在这个意义构建过程中追求创意的想法，和（或）他们在所处的世界中观察到的可能性。

情境陈述

最近，我读了卡洛斯·卡斯塔尼达的《心灵之路》（大意如下）。令我深有感触的是，当我感觉幸福、精力充沛时，我会行走在心灵之路上；当我很痛苦、身心疲惫时，则会走向其他道路，那些满足他人梦想的道路。你是不是也和我一样？

做任何事都如同从千百万条道路中选择一条行走之路。因此，你必须时刻牢记要走的路仅有一条而已；如果觉得自己不该选择某条道路，那么无论在任何情况下都不要再继续停留。要想有这样清晰的判断，你必须要过自律的生活。只有这样，你才能明白任何一条路都只是一条路而已。如果内心告诉你要放弃这条路，离开对你和其他人都不意味着不妥。但无论你选择继续前行还是弃之离去，你做决定的时候都不应被内心的恐惧或野心所支配。

不过我想提醒大家仔细并谨慎地观察每一条路，尽可能多做尝试。然后问自己（只是自己）一个通常是上了年纪的人才会问的问题。我的一位恩人曾问过我这个问题，但当时的我年轻气盛，并不能完全理解这个问题。但如今的我对此有了更深的体会。这个问题是：道路是有心灵的吗？所有的路都大同小异，都没有固定的终点。有些路要经过丛生的荆棘，而有些路的尽头则就是荆棘。在这一生中，我可以算是已经走过很多漫长的道路，但我也没有完全经历过所有的路。现在，恩人的问题对我而言变得有意义了。这条路有心灵吗？如果有，这便是一条非常好的路；否则，这条路则毫无用处。

两条路都走不通，但是一条有心，而另一条没有。前者会让你旅途愉快，只要你沿着它前行，你就会和它融为一体，而后者则会让你的一生坎坷。前者会使人强大，后者会让人颓废。而问题是没有人会想到这个问题。当我们最终意识到自己踏上的是一条无心之路时，这条路已经快要让人坚持不住了。在那个关键的十字路口，很少有人能够驻足思考并决然离去。选择无心之路的人，此生又怎会享受到愉悦呢？想要走下去，你要加倍付出努力。相反，走在有心之路上，你会很轻松，它根本不需要你费力去选择。对我来说，我只会选择有心之路，只要有心，我可以无所顾忌地踏上任何一段旅程。在路上，唯一的挑战就是要有始有终。在路上，我可以屏气凝神，静心欣赏。

对此，你作何感想呢？你现在的生活轨迹是怎样的呢？你能够为自己所在领域的社会和经济发展做出贡献吗？你所选择的是一条有心之路吗？

以下是我的学生对四个阶段做出的评论。这些评论让我联想到前三章探讨的问题。这些问题呈现在学生各自的生活中。我们不能影响他们在教室内的状态，也不能试图控制他们，但我们可以观察并理解他们。这就是本章的目标：邀请你走进学生的内心世界。让我们首先看看学生对情境描述的各种评论吧。

第一阶段的评论

读了上面的情境陈述，我感觉自己目前的确走在一条有心之路上。我的一生中走过很多路，但很多都走不通。反思我现在所走的道路，我感觉自己很幸运，选择了一条不一样的路。这段陈述肯定了我当时的想法，如果当初选择了一条无心之路，那么现在我可能已经坚持不下去了。我为那些走在无心之路上的人感到悲哀，因为也许是环境不允许他们选择可以通往幸福的有心之路。我目前所走的是一条充满发现和挑战的路。未来这条路上可能会有重重障碍，但我会微笑着踏上一段精彩的旅途。（学生评论1）

我觉得自己可以非常容易地把引文所说的应用到我的生活中去。因为经济上的原因，我走上了一条无法离开的道路。我感觉这几段引文所要表达的意思似乎和下面的谚语很相似：如果用来谋生的工作和你的爱好恰巧合二为一，那么你毕生都不会为工作所累。换句话来说，如果你享受自己所做的事情，你就不会觉得自己是在为了谋生而工作。我非常想要找到可以令自己充满热情并为之奋斗的事情。我不会去考虑经济上的限制，一定要努力尝试找到这样的事情。但我也担心这样太过自私，因为这会影响我的家人和他们目前舒适的生活，毕竟我的选择决定全家的生活。不幸的是，很多人不能选择自己的心灵之路，他们不得不在目前的这条道路上努力工作，希望从长远来看这一切都是值得的。（学生评论2）

情境陈述让我对目前的生活感到非常安心。每个人心里都有非常积极的一面，都有一条看不见的心灵之路，无论前方有多大的艰难险阻，都认为自己有能力走上这条路。无论从个人层面还是职业层面，我都相信自己走上了一条真正的心灵之路。我不仅对自己的性格发展、亲朋好友感到满意，也对自己的职业非常满意。我感觉自己非常幸运，能够在本职工作和社区建设中为社会和经济发展做出贡献。但是，反思我的一些密友以及他们目前所走的路,我觉得有几个朋友还没有找到自己的心灵之路,也因此没能获得和我一样的安静和满足感,这让我觉得很难过。我应该帮他们找到心灵之路吗?还是我要在自己的心灵之路上倾注更多努力?(学生评论3)

我觉得自己可能是年轻气盛,并不十分认同这个情境陈述。我认为该陈述令人窒息——为什么我不能选择一条有抱负的路呢?也许抱负、学习和收获才是我心灵的栖息之地;到目前为止,我很享受我的人生之路。我觉得或许该陈述超越了我的经历,因为到目前为止,我所有的抉择都发自内心,从不因为别人的意愿改变自己的选择。(学生评论4)

我觉得自己很幸运,机缘巧合,我踏上了帮助残障人士就业的道路。它使我充满活力,同时也颇具挑战性。没有什么比下面这些事情能更令我兴奋的了,比如帮助残障人士找到并从事一些他们真正喜欢的工作,或者在生活中的其他领域帮助他们寻找更多的机会——而这些机会常常被人们认为是理所应当的。事实证明,我花费了多年时间从事一份仅仅是为了谋生的工作,而不能真正享受工作以及工作所带来的愉悦。和大家一起工作,感到自己的努力会使一些事情有所改变,这种成就感会让我对工作充满激情。当我的两个残疾的直系亲属在找工作以及就业的过程中历尽磨难时,我认为这份工作更有意义了。现在的我成熟了,也更加聪明了。现在我认为,要想快乐和充实,就必须要有激情。(学生评论5)

我认为人人都有梦想和人生规划。但事实上,我们不得不在感觉的驱动下走上其他道路来实现梦想。如果仅凭感觉,它可能会带我们一直走在同一条道路上,不断地绕圈,最终也不能到达任何地方。我觉得这就像爬树,我们有很多爬树的办法,但为了到达顶端,我们必须做好碰上死胡同和转错弯的准备,然而最终到顶端后将会获得满足

感。(学生评论6)

哇,我非常赞同这个情境陈述。我经常认为最大的罪恶就是浪费生命,花费一生取悦别人却忽视自己的内心,在不需要的时候纠结或是听信别人的谎言。我二十多岁的时候就是这样,做一份自己不喜欢的工作,这使我和家人陷入困境(而且并非只有物质方面)。我害怕每天面对一份没有出路、也不会给人们的生活带来任何改善的工作。我知道自己必须做一个选择。即使这个选择很艰难甚至会毫无结果,但我知道,为了自己和家人我必须要这样做。这个选择对我来说具有解放意义,十分有价值。它能解放我的思想,让我在白纸上设计蓝图,它对我和别人都能产生影响,让我们能够接触到优秀的人才。这一切太有趣、太具有挑战性了。(学生评论7)

第一次读到这些引文的时候,我感受颇深,自己的意识被唤醒了。在又读了两遍后,我发现这变成了一种深深的责任感。它不断强调,令我们走上当前这条路(无论好坏)的原因无他,就是源自于自我的选择。在进一步思考引文的时候,我看到了它带给我及团队其他成员的感受,我开始感到极度的感激、悲伤和同情。我知道自己很幸运,可以完全控制自己的内心和行动,这使我可以自如地靠近或远离心灵之路。我也为现实中的一些人感到悲哀,他们没有过错,只是没有那么幸运,缺乏那些我们通常认为是理所当然的能力。这让他们不能走上心灵之路,控制自己的人生。(学生评论8)

当我在读第二份情境陈述时,我觉得自己可以理解心灵之路及它的意义。我同意走一条听从内心的路比走一条自己不认同的路要容易得多。但是,我感觉仅仅听从内心召唤走一条路是很困难的。然而我认为,至少要问问自己所选的路是不是心之所向的这种做法是正确的。我认为一条无心之路可能也会通向一条有心之路,我会问自己:这究竟是同一条路还是两条不同的路?(学生评论9)

在初次读到第二阶段的情境陈述时，我对其中观点深表怀疑，觉得这种选择人生之路的方法太过简单，肯定还有其他的方法。后来我被这句话深深打动了："要想做出清晰的判断，你必须要过自律的生活"。我感觉如释重负！这是个既简单又复杂的问题。我觉得我们必须要有耐心，要自律，还要有自我意识，进而去选择并踏上一条心灵之路，而不是因为环境所迫而选择某条路。尽管人们认为，随着年龄的增长自律会变得更加容易，但我对此深表疑惑。我认为在儿童时期，我们就拥有这种品质，但是社会迫使我们必须选择一条无心之路，否则就会被看作异类。我认为当人们步入老年，学会接受自己，倾听内心的声音，学会自我欣赏、接受和自律，这些都源于人们意识到自己的生命有限时，便更想要做真实的自己。人们觉得自己要有所改变，有了要留下一笔"积极的精神财富"的紧迫性。我认为这往往会让人们变得自律、专注并具有洞察力。总体来讲，我觉得这个观点是我人生中心灵之路的一个方面。当我感到这就是我为孩子的未来留下的精神财富时，我觉得自己心跳加速，视野也更加清晰了。（学生评论10）

读过引文，我反思了自己的生活和所走的路。我觉得一直以来自己都是在有意识地为达成生活目标而努力工作着。因此，我也创造了自己的心灵之路。我赞同引文所说的观点。我走上了一条心灵之路，这让我感到更加快乐、精力充沛并十分满足。我描述的心灵之路也是我理想的情境。帮助他人找到心灵之路的同时还能让我有机会在人生的种种领域中有所成长。不幸的是，我觉得自己在现在的道路上的心思不定，开始变得没有耐心了，甚至感到不知所措、灰心丧气了。解决这种困境需要时间，所以，我要调整好心态，尽快度过这个阶段。（学生评论11）

我觉得当你真正走上一条能让你心动的道路时，比起走上一条无心之路，前者会让你收获累累硕果。我觉得人们在生活中能够并且的确可以选择不同的道路，比如心灵之路或浅尝辄止的道路，但前者才是一条真正能有结果的路。我认为尽管我的想法和目前的道路面临种种挑战，但我会全力以赴坚持自己选择的方向。（学生评论12）

　　阅读了这个情境陈述后，我觉得自己可以接受其中的观点：人应该做真实的自己，在生活中走自己的路。人们面前有多条道路，却鲜有心灵之路。这意味着并不是每条道路都会充满"激情"。但是人们可以寻找这种激情，或者说在很多情况下是可以寻获的。每个人都走在路上，即使他们一直努力前行，也未必能找到激情。因此，了解自己心之所向，追逐梦想，这一点至关重要。正像情境陈述所说的，我所讲的也是与自我意识相关的，希望人们能够寻找到自己的人生之路，踏上心灵之旅，达成所愿。（学生评论13）

　　当我读完这段引文时，我感到很自豪，因为我对自己的工作充满热情，真正享受工作的乐趣并对此非常感兴趣。环顾四周，有些人已经踏上充满激情的道路，有些人则正在寻找这样的道路，我为自己生活在这样的人群中深感荣幸。我觉得这种激情和心灵之旅是成功的关键，可以确保即使失败了也能够重整旗鼓，继续前行。（学生评论14）

　　阅读这几段陈述就像是在聆听美妙的乐曲，让人心旷神怡。就工作而言，我走了一条迂回却很有意义的路；当我觉得不开心时，我选择了离开。我很高兴能读到这些别人的感受，他们仿佛说出了我对生活、工作及追求梦想的心声。不过,对于要过一种"自律"生活的说法，我还是感到很吃惊的，因为这和我的想法完全相反。（学生评论15）

　　首先，这个情境陈述使我备受鼓舞和安慰。我们都有选择的权利，不应受面前道路的束缚，因为那可能违背了我们的个人价值和目标。同时，个体要有掌控和做出决策的能力。此外，如果环境束缚或不利于实现我们期望的目标，我们也应该有权退出。但另一方面，这个情境陈述又让我感到担忧。因为在我们的社会里，并非所有人都有相同的机会和选择去追求梦想；这倒使许多人面临的挑战变简单了。社会并不公平，那些没有社会、经济或精神依托的人想要选择道路时可能困难重重。举例来说，如果有个人，他的家庭连续几代人都没有接受过良好的教育，又或者他是一个受人排斥的残疾人，那么他们该如何跟随自己的内心去选择不同的道路呢？具有讽刺意味的是，也许社会中只有少数特权阶层的人可以不受责任和义务的牵绊，真正自由地去追求自己的梦想。最后，这个情境陈述让我感到震撼。我意识到，一个人如果想改变自己的选择，就一定要勇敢。哪怕要面对抵押、债务、依附关系等各种各样的束缚，他也要准备好全身心地投入到未知的领域去追寻自己的梦想。我并不确定自己是走在自由的心灵之路上，还是一个被责任、承诺以及社会期望所束缚的受害者。（学生评论16）

读完引文使我感到很幸福，因为它清楚地解释了为什么我会选择我现在的工作以及为什么我会如此热爱它。我对工作有激情，而让我产生激情的就是我的工作。评论也使我明白为什么我身边的一些人对自己的生活不满意。或许可能是因为他们没有追寻自己的梦想，或者是没有听从自己内心的召唤。这使我感到更加满意和自豪，因为我现在正在追寻自己的梦想。走在心灵之路上让我倍感惬意，同时充满激情。（学生评论17）

在这么多感受中不断发现自我让我觉得有些受宠若惊。我想，这是反思带给我的收获。但是，目前这种反思过程只在我和学生之间进行着。下一阶段的学生评论将反映出他们对通往或停留在心灵之路上时遇到挑战的体会。

第二阶段的评论

读了其他同学的感受以后，我感到无论是在工作上还是在生活中，似乎我们大多数人都走在心灵之路上。我也赞成这条心灵之路应该晚一点出现，因为到那时我们才可以真正地对自己的选择负责。有些同学认为自己并没有走在心灵之路上，但他们似乎正在寻找这样一条特别的路。我认为该陈述并没有对应该如何诠释自己的感受和如何理解创业的问题给出明确的答案，这种方法也是如此。（学生评论18）

读完这些反馈，我有些嫉妒那些满怀激情走在心灵之路上的人。现在我对选择一条适合自己的路更有信心了。我体会到了一些别人的感受，我们都想要选择一条让自己内心充实的道路，但在我们生活的某个阶段无法真正实现这样的愿望。我认为，在生活中我们总会有可以选择自己心灵之路的时候。我也相信当这样的时刻来临时，人们一定会做出正确的选择。（学生评论19）

当我比较和对比我的与其他同学的感受时，我发现我们从整体上对该情境陈述达成了共识。大家都认为，走上自己心向往之的心灵之路会让人产生满足感。与以前的陈述不同，全体组员对该陈述的感受和想法都比较一致。但大家会格外关注与自己相关的那部分。值得一提的是，由于个人经历不同，大家对改变，尤其是寻找自己心灵之路的过程中遇到的各种困难的感受不尽相同。我相信这意味着在这样多元化的一个小组里，组员们来自各行各业，他们对寻找和改变人生的道路一定会有不同的情感和想法。我认为这也强调了一个事实，即想要看清你目前人生道路之外的东西并不容易，整个情境陈述其实是说起来容易做起来难。（学生评论20）

比较同学们对第二个情境陈述做出的反应给我提供了一些精神食粮。有些同学提到自己无法选择或没有足够资源去追求心灵之路，他们的评论使我意识到自己有多么幸运。我不仅有自己的选择，而且在需要的时候还有资源选择其他的路。我原本以为我的职业生涯和所有人都一样，追随本心和充满激情是最重要的。但事实并非如此。这对我来说意味着，如果我觉得自己的生活平淡无奇或自由散漫，就不会感到真正的快乐。谢天谢地，家人、同事和身边的人每天都在鼓励着我。（学生评论21）

比较了同学们的评论后，我发现大家都很用心，很多人陷入了沉思。相比之下，我的思考不够深入。读完其他人的评论，我明白人生中无论我们选择哪一条路都要用心经营，用心思考。我现在意识到自己做事可能没有事先仔细考虑，有些操之过急。（学生评论22）

这非常有趣！我读了这些帖子，其中有些对我而言真是醍醐灌顶。如果你想要选择别的路却没有足够的资源，面对这样的困难该怎么办？也许我们确实需要体验一些有难度的挑战，然后才能理解自己内心真正想要什么。但我也喜欢那个关于陈述歌唱的评论，因为它打动了我。正如前面说的，与那些真正选择追随本心的人共事很精彩。这并不一定是新时代的时尚体验，而是你内心真正想追寻的。葬礼上的赞颂才能证明生命的精彩。（学生评论23）

读了班里其他人的帖子，我相信该情境陈述和其中的观点已经被广泛接受了。我认为这意味着我们每个人以不同的方式将以前的经验或生命中某一段特殊时期与我们得到的信息相关联。是我们在潜意识里，自然地将信息（含义）应用到生活中某些对我们来说非常重要的领域中。我认为个人或团体能够更广泛地接受彼此的想法、感受和理念，这说明这门课程真正开始扩展了我们的心智，并且进一步打开了我们的内心世界。（学生评论24）

读完第一阶段同学们的反馈后，我发现我和同学们对于追寻心灵之路这个问题的看法是一致的。只是有些同学似乎已经走在自己的心灵之路上了，而我还在朝着我的心路的方向努力前行。我相信这意味着我的方向是正确的。（学生评论25）

我认为这是大多数人的心声，在早年或生命中的某个特殊阶段，我们几乎是被强迫着坚守某个位置，走上一条无心之路。那只是为了让自己看起来能过上正常的生活，养活自己，不致受穷。相反，我觉得有些人并没有讨论一个人在追寻心路的过程中是否要受到某种约束。我认为这意味着聚在一起的同学尽管年龄不同，但都对创业和创新抱有极大兴趣，我们清楚自己想要走的心灵之路，并且大多数人认为这条路是值得的，能够让生命更充实，但应遵守的规则却可能由于追寻心灵之路的强烈欲望而打了折扣。（学生评论26）

当我反思自己第一阶段的感受，并将其与其他同学的感受进行比较和对比时，我觉得全班同学的反思都可以用"用心感受"来形容。大多数同学反思了自己的生活和所走的道路，其中有些选择是为了谋生，而有些是为了对他人负责。有些同学认为选择道路需要遵守一定之规，而有些人更看重选择的权利。有人提出了勇气的问题，还有一些人指出一条路还有连接另一条路的可能。我觉得这意味着，尽管很多人回顾自己的人生经历时发现生活给了他们选择的权利，但是很多人都承认社会上还有很多人没有选择的机会。因此，用心创造生活之路是一种特权，因为很多人由于社会地位的缘故没办法像我们一样拥有生活的选择权。我认为，这个陈述的影响像是把石头扔进池塘，我希望当我们都回到各自的生活之路上时，这样的涟漪效应会继续影响我们，我们会知道支持他人创造并且用心学习他山之石的重要性。（学生评论27）

当我看到其他同学的评论时，我认为大家的许多看法是一致的。但我发现一件很有趣的事，大多数同学只是将其与自己的职业或工作场所做比较，而忽略了自己的整个人生。我想这可能是由于社会对职业的过度关注造成的。我们往往单纯从一个人从事的工作来判断他的智力、成功以及幸福与否。这些观点充满了矛盾和偏见，完全是误导性的。我相信通往幸福的道路不仅关乎一个人的事业，还需要更深层

次的思考。人必须要全面考虑所有因素才能判断自己是否真的幸福。（学生评论 28）

读完同学们对于情境陈述的反思，我觉得该陈述几乎获得了全数支持。很多人觉得这篇文章很令人欣慰，也反映了他们目前的状况。但是，如果考虑到任何言论都应该有不同回应，而这里竟然没有产生任何争议使我感到很吃惊。我对这个陈述的体会是一种责任感，追随自己的心灵之路会产生正能量，让其他同学也会感到应该对自己的事业或追寻的梦想负责。（学生评论 29）

此刻，当我看到同学们开始注意周围人对情境陈述的感觉和理解时，我越来越兴奋。希望学生可以成功创业固然是好的，但生活永远是第一位的，哪怕其有时会阻碍创业。我认为下一阶段的某些评论更好地体现了学生们对这个问题的看法。在下一阶段，同学们的想法与一位从班级外选定的人的想法发生了碰撞。

第三阶段的评论

我把这个陈述拿给我的同伴和她的一个朋友看，她们都觉得不知所云，难以理解。现在我意识到我们在课堂上学到了什么。我证实了一点，那就是我并不是唯一一个感到困惑的人。在我解释了一些曾在课堂上讨论过的问题后，他们表示有所理解。但他们最初的反应印证了一个问题：如果思维太跳跃，就可能会被引到错误的道路上，导致无法充分理解情境陈述真正要表达的东西。（学生评论 30）

像班上很多同学一样，我选择给我的同桌看情境陈述。这引起了她的共鸣，因为她为了追求自己喜欢的事业刚刚离职去创业。之前她从事的是一份朝九晚五的工作，这几乎成了她生活的全部。在此之后，她听从自己的内心，选择了一直向往的创业，她体会到了前所未有的快乐。与此同时，她也意识到即使走在自己向往的路上也会有压力。比如，如果你失败了怎么办，如果那不是你想要的怎么办，如果你最后赔了钱怎么办，等等。梦想总是好的，但如果不是建立在一系列行为约束的基础上，梦想也会变成噩梦。（学生评论31）

我朋友读了第二个情境陈述。她赞成这一观点，那就是你必须先拥有足够的资源，才能选择追寻自己的道路。她认为，人们确实会由于雄心壮志或者出于恐惧而做出去或留的决定——除了我们自己和周围的环境，没什么能阻挡我们。我选择离开之前的工作是因为我觉得不开心，而且觉得无心之路永远不会令人快乐。她的观点肯定了我的立场。她觉得我是幸运的，因为那条适合我的路主动找到了我。她说由于家庭、按揭贷款和生活方式的限制，她很难为单纯追寻自己的理想而改变现在的生活。她的感受来自于对未知事物和失败的恐惧。（学生评论32）

我把情境陈述给妹妹看了。她认同我对这个陈述的反应，她说："如果你不用付租金的话，一切都很好。"我们都认为追寻心灵之路是一种理想的生活方式，因为你可以做自己喜欢且珍视的事情并以此创业、谋生。我们都觉得要是人们不再只关注生存，而是把生存和梦想结合起来，那么工作的意义也就发生了变化。（学生评论33）

当我和朋友分享这个陈述时他们给我的回应是，一直以来他们努力奋斗，目的就是踏上他们现在所走的路，而且没有什么比现在的生活更幸福的了。这无法验证我在这个问题上的观点，尽管我必须想清楚，我的朋友在做出回应时是否真的考虑了其他处境中的人而不只是她自己。和我一样，她从一开始就能够做自己想要做的事。（学生评论34）

读完情境陈述，我的同伴评论到，每个人都希望在事业和生活上能跟随自己内心的想法，但不幸的是对某些人来说这并不现实。有梦想且为了梦想努力是好的，但是有些梦想就是无法实现。重新斟酌她的话，我最初的观点得到了验证：多数人倾向于选择与内心想法相近的生活或事业，然而事情并非总能如人所愿。我认为人们应该沿着现在的生活轨迹前行，在路上寻找机会，找到更接近内心渴望的路。有人抓住了机会，有人没有；有人早早开始寻找机会，而有人选择等一等再行动。（学生评论35）

我把情境陈述给我丈夫看了。他想了一会儿说，心灵之路（对于他来说）就是热爱自己目前所从事的工作。他对目标计划提出了疑问——这些目标究竟是要突出一条路还是要分散人们对一条路的注意力呢？他认为生活就像旅行，意义在于过程而不是目的地，无论你选择哪一条路都不会有终点。我们谈论了这个问题，并且认为有时候想要看清心灵之路真的很难。这不是白与黑那么简单的问题——那条路可能会让你有点动心，也许你不是十分开心，但在那时又看不到比那更好的路。我很高兴听他这么讲，因为关于这个问题我们已经断断续续地讨论超过25年了。他曾经说我对工作抱有幻想，因为我认为工作是一种社会责任。他这个想法可能没有改变，但也承认了在工作中得到快乐的重要性（无论它以何种方式发生）。我喜欢他关于"旅程重于目的地"的论断——这与我的想法不谋而合。他的评论肯定了我的想法，也支持了我所选择的道路。（学生评论36）

现在我可以确定学生在何种程度上将自己视为改变的媒介，认为自己有能力扮演其他社会角色。我还可以看到他们对踏上心灵之路做了何种程度的准备。了解这些对培养我和每个学生之间的关系很重要。我了解到，有些学生努力工作想要满足现实生活的需求，同时业已踏上内心向往的道路，这使我关注他们生活的一些具体方面，我想知道到底是什么使他们变得更具创业精神。

做有意义的事

在我们看来重要的事对学生而言并没那么重要。我们很容易夸大创业教育中某些问题的重要性。当所有该说的都说了，该做的也都做了，学生的内心就会充满激情和动力。我相信，当我们深入了解每个学生的内心世界时，我们作为教育者的作用也就提高了。然后我们就可以帮助他们融入创业教育提供的学习机会中。我觉得英国剑桥大学的简·诺兰博士切中了要点。她认为，学生学习了创业教育课程之后会有更深刻的感悟力，那意味着他们可以适时推进自己的想法。不过成为内创业者同样可以达到上述目的。即使他们没有创业，创业精神也可以使他们更具创新意识，从而推动他们去改变世界。

那么，你和学生如何做到这些的呢？你会支持学生敢于梦想吗？他们能明白如何才能将自己所学的知识和生活中每天都要面对的挑战联系起来吗？为了帮助学生展开行动，我们需要了解行动发生的地点。我们需要进入他们的世界，梳理他们的设想并提供反馈。这种反馈不关乎他们对某种知识的了解，而关乎应该如何将这些创意运用到现实生活中。

接下来我们很快要进入最后一章了。大家将有机会重温到目前为止你对所有讨论的看法。我邀请大家带着批判的眼光重新审视我们的观点和你们的观点。最重要的是，请你把学生当作不情愿的但却有潜力的创业者。请大家准备好迎接最后一章的挑战，成为当之无愧的教育者吧！

第四部分

成为社区中的领导者

第十二章　你不是一个人在战斗

> 从现在起，利用自己现有的资源，做你所能做的。（Arthur Ash）

作为教育者，我们的角色是独一无二的。在学生面前你要展示真实而有价值的自己。在本书中，我曾请大家思考过很多我认为对研究生的发展很重要的问题。在最后这一章，我希望你们来思考，作为创业教育者，我们最有可能面对的现实和未来的挑战。未来似迷雾一般遮蔽本科生的双眼，使他们暂时迷茫。而研究生却与他们不同，他们在学习的同时，似乎能同时兼顾过去、现在和未来。许多研究生走进课堂，他们想要获得的帮助和知识有时只能在短期内起作用。因此，我们的首要任务是给予帮助，使他们得到发展，这要求我们要么具备一些才华，要么拥有一些人脉，从而满足他们的需求。因此，从现在起，请利用你所拥有的智慧和能力及一些运气和毅力，尽你所能地帮助学生成长。

教师在研究生教学中所面临的挑战一直贯穿于本书的讨论中，本章旨在回顾我个人对此问题的看法。每位教育工作者的教学实践都不是一时兴起，都要经过多年的尝试和修正才能发展形成。对此，我们要向他们表示感谢。另外，在发展各自的教学方法时，你们也无须做到尽善尽美。

了解自己方能教学

我们的教学理念是这次探索旅程的出发点。若想成为能够发挥实际作用的教育者，首先要了解自己对创业教育的教学理念和学生们的理想。根据我的个人经验和与其他教育者的交流，这种自我认知的过程不能操之过急。随着年龄的增长，我们在生活中的其他方面越来越有智慧。教育工作也是如此，我们可以通过培养好奇心、不断求知来增长智慧。一直以来，许多伟人的思想影响了我，正是与生俱来的好奇心让我发现这些思想对于我的实践起着潜移默化的促进作用。你花多少时间与同事交谈？你联络过多少创业教育工作者，向他们寻求建议和想法？总的来说，我觉得我们是一个非常慷慨的教育者群体，总是乐于帮助他人探索和实践。

如果我们见面，你能使我感受到你用来感染学生学习的狂热情绪吗？如果答案是肯定的，则我们可以利用绝佳的机会携手去发展创业教育的学科教学知识。这有机会让我们在相近的领域内扩展学术实践。这样一来，我们便可以精诚合作，互相支持彼此的实践活动并且为我们之后的教育工作者制定标准。我们还有机会区分本科生和研究生的教学方法。认识到这一点至关重要。

我请大家为这一领域的教学内容发展做出一些贡献。为此，我相信你会聆听自己的心声，将最好的自己呈现给学生。继而，我们可以共同推动这一领域不断向前发展并让其长盛不衰。我们应该为教学方法存在多样性感到欣慰，并更深刻地认识我们所有人面临的挑战。我相信，通过推进这个机会，我们所共同面对的未来会获得蓬勃发展。

成人教育法优于传统教育法

对于许多教育者来说，成人学习者有着更加优越的身份，因此很多人把他们视作一种威胁。这些成人学习者当中可能有些已经是创业者，有些可能已经在某些专业领域取得了巨大的成就，有些则可能只是对某领域的知识特别好奇。坦白来讲，我与学生或同事在一起从未感到自卑，这是因为我不认为自己掌握了他们所要寻求的所有知识和智慧。相反，我仅把自己看作是他们学习之旅的促进者。学生必须要找到前行的动力，因为这段旅程没有明显的终点或捷径，它需要利用人们在成年生活中积累的经验和智慧。

这就是本科生和研究生教育背景之间最重要的区别。我们必须调整教学实践，帮助这些在人生旅途中停滞不前的学生。虽然固定的课程很可能适用于某些学生，但对大多数学生来说却并非如此。我们要巧妙地让学生直接展现他们的动机，以满足他们对知识储备的需求。这样，教师在课堂中的中心角色就得以弱化。我们正是要在每个学生的生活中将其动机最大化，从而进行教学。

正如我前文中所提到的，让我们在脑海中想象出一些线条，这些线条的每个交叉点代表了一个时间。把那些线条当作学生的意识、信心、动力和稳定感（sense of stability）。作为教育工作者，我们可以将自己置于那些交叉点上，我们可以使光明取代黑暗，自信取代恐惧，意识取代无知，稳定取代不稳定。但是我们不能将所有学生置于同一个交叉点上，因为他们的人生经历不同，走的路也不同。每个人都有代表其过往的交叉点。我们要做的不只是简单地帮助他们绘制一张路线图。准确地说，我们的目的是让他们了解自己已走过的路和路上收获的智慧，并帮助他们认识到如何才能进步，从而使他们成为最佳社区领导者和（或）促变者（agent of change）。

关注转变

在第三章的开头部分，我曾用蜥蜴做过一个类比。我想知道，在此之后你是否思考过那个论证？我的目的是鼓励大家思考自己是否有潜力设计环境，从而促进学生学习环境的改变。你能否想象学生从不具备识别机会的能力到在这方面有了明显进步的转变?

你是否在迎接让学生发生转变的挑战?你愿意了解学生的个性,并因人而异给他们设定挑战吗?你能够设计出一个难度高于学生目前能力的挑战,同时确保在挑战中给学生适当的鼓励吗?最后,你有决心用适当形式的反馈来指导学生的发展吗?接受这个挑战将很可能让学生获益。在学生学习如何在生活中解决问题或抓住机会时,他们会在某种程度上获得真正的兴奋感,进而降低人生可塑性的结构性障碍(structural brakes)。

这就是我们的目的,是我们出现在学生生命中的唯一原因。我们必须教会他们关于创业的知识。但是我们还要确保他们为了创业并经由创业学会更多知识。重要的是,我们需要让每个学生从自己的起点开始,并在他们认为合适的地方结束。

培养理想的毕业生

我已经说明了两种毕业生类型,他们是理性冒险者和受束缚的冒险者。这两种类型的主要区别在于可能创造价值的时间和地点是不同的。我发现理性冒险者会在未来某个时间和地点创造出最大的价值。反之,受束缚的冒险者会在当前与现实生活有关联的某个时间和地点创造出最大的价值。

促进学生转变的教育工作者的责任是需要了解如何培养一种特定类型的毕业生。虽然理性冒险者的概念是围绕六个特定属性发展建立的(Jones, 2011),但培养受束缚的冒险者就需要重塑"他们所相信的(认识论),他们的自我意识(内心的)以及他们与他人的关系(人际间的)"(Meszaros, 2007: 11)。提前了解自己面临的挑战使我更有可能实现自己的教学目标,而不仅仅是培养一个毕业生。

所以问题的关键是,你想要培养什么类型的毕业生?也许在你心里已经有了答案。我认为自己的职责是培养一种全能型毕业生(metagraduate),即能在不同的背景下做到如鱼得水。也许你的学生只是管理者而非促变者,也许他们只是未经历练的全日制学生。这都无关紧要,你现在只要退一步,设想着完美的毕业生可能会取得的成就就够了。一旦你知道他们应具备的能力,你就可以颠倒教学顺序,反向设计培养步骤。

运用所有要素

每个学期开始,我最期待的时刻就是学生们的自我介绍。我喜欢看他们第一次展示自己的个性。有些学生表现得极为谦逊,有些学生在吹嘘自己看似了不起的成就。还有些务实的人处于这两者之间。此刻我非常兴奋,因为所有的要素都已经摆在了我的面前。我开始思考要选择什么讨论话题才能激发他们各自的智慧。我畅读学生们的回复,并尝试思考我能将他们团结到何种程度。

总体来说,我的学生总是比我知道的多,如果我忽视了他们的多样性和出色的才能,便可能认识不到这一点。我的诀窍是把学生的知识当作自己的知识来运用,从他们身上汲取我不知道的知识,并得知学生需要了解的知识。我成功做到这一点的方法之一就是运用小组意义建构的方法。打个比方,这一方法可以使我和学生一道漫步于学生的思想中。

你做出多少努力去发掘学生的潜力从而培养他们?我曾经看过这样一句话:在20世纪30年代,如果你拥有博士学位,你就会被认为是所有事情上的专家。然而,到了20世纪80年代,如果你拥有博士学位,你就会被认为是对社会某个特定领域没那么无知。我认为这个观点很有道理。如果你也这样认为,那么这对你运用学生的智慧的方法而言又意味着什么？抛开很多学生可能没有博士学位这一事实，他们从总体上来讲可能比你知道更多相关行业的信息。他们才是课堂上最独特的资源，所以要抓住机会利用这些资源。

由书桌上的墨水瓶槽引发的联想

在我大概 7 岁时，漫长的暑假结束后我回到了学校。我走进另外一个教学楼，看到了自己的书桌。桌面是铰链式设计，打开后便看到了可以放书本文具的地方。我认为这太棒了。很快，我注意到新书桌有些奇怪的地方。在书桌的前缘处有两个洞，我想知道这两个洞的用途。很快我便发现，这两个洞曾经是用来放墨水瓶的，因为以前的学生们是用羽毛笔蘸墨水写字的。我可以想象这种设计的必要性，但我发现很难理解在没有圆珠笔的年代，教学是如何进行的。

40 年后，当教育工作者描述他们与学生共享的学习环境时，我仍然有种相似的脱节的感觉。他们的学习环境还是离不开墙、门、数字投影仪和白板。我努力把自己的学生限制在这样一个学习环境里。但这样做就等于承认了失败。也就是说，学生只有在我选择的时间和地点集合才算学习。而这意味着，在这个地方以外发生的都不是真正的学习，因为那不在学习环境最初的描述范围里。

如果我们采用了体验式的教育过程形式，就需要在教学中异常充满活力。我们要放弃学习环境的所有权，把自己当作学生世界的嘉宾。比尔德和威尔逊（Beard and Wilson, 2002）的著作让我爱不释手，他们的思想使我真正地理解了怎样在学习中陪伴学生们。为学生创造外部世界的过程中，我认清了自己的角色，明白了关注学生的感知界面（sensory interface）。最后，我要欣赏并试图进入学生的内心世界。当你在思考学生学习环境的边界时，是否思考了学习行为发生的地点？你是否问过学生学习的时候究竟在做什么？你是否对学生的学习体验产生了兴趣？你是否理解学生学习时的情感投入（emotional engagement）？你是否全面地思考过学生需要知道什么？最后，你是否已经决定了如何鼓励我们的学生做出改变？

世界正在飞速变化，技术正在颠覆传统的学习环境。墨水瓶槽可能仍然存在，但它们不会再被用作它们最初的用途了。有事业心的教育工作者可以自由自在地在广阔的天地驰骋，寻找创新的教学方法。不脱离学生，根据他们的生活经历建立扩展的学习环境比试图让他们适应我们想当然的学习环境要更容易。

关注差距

我们会很容易假设研究生的资源配置会明显优于本科生，不过这只是个假象。研究生的资源配置自然应该更好，这种想法忽视了任何资源配置都是依赖于创意的这个事实。没错，学生会有更多的时间去发展有意义的社会关系并积累行业经验，但他们发展的社会和人力资本可能与其最感兴趣的创意毫无关联。有必要说明学生的设想和资源配置之间的差距所带来的启示。一旦充分认识到想象中的学生资源配置的实际情况，这幅蓝图的真正本质就会开始显现出来了。

提出与推翻假设

学生能给你的最好的礼物就是让你窥见他们的梦想。这个礼物附带的责任也是巨大的。夸大学生成功的可能性，有可能让他们在未来遭受痛苦；低估了学生创意的潜在价值，可能让他们产生对未来的焦虑。虽然我们无法预知未来，但我们一定能帮助学生走近他们的未来，帮助他们看清前方的路。我之前介绍的环境互动框架就是为了实现这个目的。我想将学生的设想展露在现实中，即使现实世界并不清晰明朗。我想帮助学生做出更多设想，不论这些设想会让他们离自己的梦想越走越近还是渐行渐远。

在使用这个框架的过程中，我的经验是这个框架可以捕获隐藏在未知角落的黑暗，也可以给最无趣的想法增光添彩。我的学生所面临的最大挑战是如何概念化他们即将接触的环境维度，而且这些维度很有可能不断变化。给学生介绍选择性环境和生态环境的想法可以让他们的判断更加明确。

一旦学生能够看到在他们身边和他们打算采取行动的领域发生的变化过程，他们就会变成谨慎的乐观主义者，也许称作可能主义者（possibilists）更为合适。利益相关者开始互动意味着创造价值的过程开始了。如果他们想要继续下去，他们便更有能力消除许多可以避免的错误。然而，毫无疑问，我对他们的思想的最大贡献就是帮助他们看到与其想法有关的能值。

明确哪些是随手可得的援助可以帮助学生在规划中克服资源有限和其他常见束缚的困扰。你能给学生最好的礼物就是在一定程度上消除他们的天真。我相信你可以设计出一种有效的方法来帮助学生。但我没有这样的方法，请您自行尝试本书所提出的环境互动框架。

引领道路

2.0世界已经到来，它正影响着我们生活的各个方面。学生依靠你给他们引路，所以要利用这个机会，否则可能会失去学生的信任，这是我们面对的现实。不要受反对技术进步的卢德派（Luddites）影响，他们会不停提醒你，想要驯服技术这头猛兽会让你失去时间，头痛不已。人类历史就是永无止境的技术进化过程。我们身处在这样一个时期：变化发生地如此持久或迅速。你也有两个选择：要么参与进来，要么被远远地抛在时代的后面。

我跟大家分享的创新实践案例证明了我们可以创造并且获得现成的解决方案。不管你用的方法是什么，在选择任何类型的技术之前，确保自己知道为什么需要使用技术。如果不知道为什么就匆匆行事，就好像在陷阱里设计陷阱一样。你可以咨询自己的学生和同事，与先你一步的人合作。大部分人都在2.0版世界中获得了快乐，寻求可得的互动途径，以便在你使用自己那套技术之前，让你和学生的生活更轻松。

计划采取行动

我们在如何帮助学生规划未来方面的选择实在是太多了。而真相是，他们已经知道如何采取行动，这在他们日常的学习中已经表现了出来。然而，对学习创业教育课程的学生来说，没有将创业计划作为学生规划未来的一种手段，似乎是一种常态。我没有试图隐藏我对这个问题的偏见。我完全相信第一个行动开始后，在需要的时候学生会按照假设和计划继续采取行动。

是的，我没有把行动的概念延伸到实际的创业。我指的是以一种严格的方式发展的假设过程。能够预见无法预料的事，并且测试自己的直觉和应急知识是至关重要的。在探索每个设想之前先写一个创业计划就好像跳进一个未知水深的游泳池。如果你极力支持创业计划，那么，你在教学过程中就可以去检测学生最终写的计划，这样也是比较合理的。最后，请思考一下你打算提供给学生什么样的礼物，这份礼物可以引导和激励你的学生。

心灵之路

孩子的一生当中会收到他们父母给予的很多礼物。有些礼物，孩子们会非常珍惜，甚至永远不会忘记；而有些礼物会被轻易地忽视，甚至被迅速遗忘。我相信父母的心都是一样的，关键要看孩子的心意。这同样适用于教师和学生。我们真心实意地给学生讲授知识，却发现他们并没有记住多少，所以真正重要的是学生的内心。

学生的动机以及接受挑战的意愿会直接决定他们应对挑战的用心程度，尤其是在课堂之外的用心程度，不要忽视这一点。让学生按照自己的内心行事，不用担心学生偶尔的迷失。尊重学生的内心，他们也会尊重你。

道路的终点

我觉得现在的我仿佛已经在同一条路的两侧来来回回走了很多次。然而，我并没有依靠自己的想当然来设定教学方法和内容，一路走来，我感觉很安心。因为这意味着学生的发展一直是我们关注的焦点。在这里，我将引用约翰·拉斯金（John Ruskin, 1917: 194）的智慧之语结束本书。即使多年后的今天再读他的这番话，仍觉得深受鼓舞，受益良多：

> 关于教育资料的问题已经变得非常简单了。现在的问题是，"什么过程对智力发展的影响最大"？但大家在以下问题上是毫无争议的："人在生活中应该准确知道做哪些事情才是最明智的。"简单来说，我们应该知道以下三件事：
>
> 第一，我们在哪儿。

第二,我们要去哪儿。

第三,在那样的情况下,我们最应该做什么。

我祝大家能够顺利地帮助学生认清他们的处境。

附　录

附录1：国际教育者调查 II

2012年1月到2012年3月间，作者利用网上调研的形式针对创业教育门户网站会员中的教育工作者们展开了调研（网址是www.entrepreneurshipandeducation.com）。总计收到了来自20个国家的受访者的回复。答卷分布情况如下：澳大利亚（8人），加拿大（1人），智利（1人），哥斯达黎加（1人），英国（12人），德国（1人），爱尔兰（2人），意大利（1人），马其顿（1人），新西兰（1人），尼日利亚（1人），挪威（1人），阿曼（1人），葡萄牙（1人），俄罗斯（1人），苏格兰（1人），泰国（1人），土耳其（1人），美国（9人），威尔士（2人）。

受访者的总体特征

在教学经历方面，有82.4%的受访者既教授本科生也教授研究生。大部分的受访者已经教授创业教育课程超过5年，占总人数的51.0%，其中21.6%的受访者有多于三年但少于五年的经历，而少于三年经历的受访者仅仅占7.8%。

受访者中全职学者占74.5%。在创业方面，53.9%的受访者曾经或正在经营自己的企业。在最常用的研究生创业教育教学法方面，88.2%

的受访者认为其学生之间互相学习，74.5% 的受访者使用高级的活动体验式教学法，60.8% 的受访者使用反思性实践方法，56.9% 的受访者安排自己的学生和实际的创业者一起工作。

附录2：情境陈述实例

星期六的下午，在我开车回霍巴特（Hobart）的途中，根据 BAA517 单元的学习者的发展轨迹，我仔细思考了学生们未来将具备的创业能力。我认为，有时候我们（即社会）过度强调了英雄式创业者的存在，认为那些人无所不能。但其实这可能会浇灭胆小者的创业激情。

从另一个角度来看，我认为能在平凡的事情中发现不同寻常的东西非常有用。因为如果我们能够把创业行为的概念与"改变现状"联系起来，那么创业就可以深入到社会最普通的人群中。

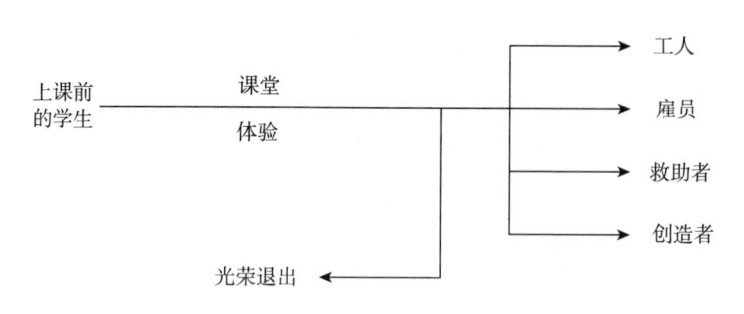

图 A2-1 普遍存在的学生多样性

学生群体的多样性始终存在。如图 A2-1 所示，我的学生来自于社会各个阶层。我听到了种种志向和抱负，看到了各种天赋和好奇心，这些都是理所当然的。如果满世界都是创业者，那么社会结构便不足以支持可持续性的增长和生产力。也许我脑海里呈现的景象就与下面的描述有几分相似。

我们看到正处于"课堂体验"阶段的学生,他们中有些人已经尝试过创业,有些人并没有受到英雄式"创业者"想法的局限。我们建议各种身份的学生体验创业生活。他们可以尝试做一回精力旺盛的工人,或者做一名社会公共事业或社区的雇员,可以尝试做一个帮助那些想要结束创业的人的救助者,或者成为一个新企业的创办者。但是,我们是否也应该为那些想光荣退出的人留一条后路呢?一条为那些坚持维护"现状"的人留的退路?一条在他们对创业本质和改变自己所处世界的倾向更加了解之后可以再走的回头路。

参 考 文 献

Aldrich, Howard E. (1999), *Organizations Evolving*, London: Sage.

Aldrich, Howard E. and Martha A. Martinez (2001), 'Many are called, but few are chosen: An evolutionary perspective for the study of entrepreneurship', *Entrepreneurship: Theory and Practice*, **25** (4), 41-57.

Amburgey, Terry, Tina Dacin and Dawn Kelly (1994), 'Disruptive selection and population segmentation: Interpopulation competition as a segregation process', in Baum, Joel A. C. and Jitendra V. Singh (eds), *Evolutionary Dynamics of Organizations*, New York: Oxford University Press.

Aronsson, Magnus (2004), 'Education matters–but does entrepreneurship education?', *Academy of Management Learning & Education*, **3** (3), 289-92.

Ash, Arthur, 'BrainyQuote', http://www.brainyquote.com/quotes/authors/a/arthur_ashe.html (accessed 10 October 2013).

Baldwin, James (1896), 'A new factor in evolution', *American Naturalist*, **30**, 441-451.

Bain, Ken (2004), *What the Best College Teachers Do*, Cambridge, MA: Harvard University Press.

Barringer, Bruce R. (2009), *Preparing Effective Business Plans: An Entrepreneurial Approach*, London: Pearson Education.

Bavelier, Daphne, D. M. Levi, R. W. Li, Y. Dan and T. K. Hensch (2010), 'Removing brakes on adult brain plasticity: From molecular to behavioralinterventions', *Journal of Neuroscience*, **30** (45), 14964-71.

Baxter-Magolda, Marcia (2004), *Making Their Own Way*, Virginia: Stylus.

Baxter-Magolda, Marcia (2007), 'Self-authorship: The foundation for twenty-first-century education', *New Directions for Teaching and Learning*, **109**, 69-83.

Baxter-Magolda, Marcia (2008), 'Three elements of self-authorship', *Journal of College Student Development*, **49** (4), 269-84.

Beard, Colin and John P. Wilson (2002), *Experiential Learning*, London: Kogan Page.

Bergmann, Jonathan and Aaron Sams (2012), *Flip Your Classroom*, Washington: ISTE.

Biggs, John (2003), *Teaching for Quality Learning at University: What the Student Does*, London: Open University Press.

Bjerke, Bjorn (2007), *Understanding Entrepreneurship*, Cheltenham, UK · Northampton, MA, USA: Edward Elgar.

Blank, Steve and Bob Dorf (2012), *The Startup Owner's Manual*, California: K & S Ranch.

Boud, David (2001), 'Introduction: Making the move to peer learning', in David Boud R. Cohen and Jane Sampson (eds), *Peer Learning in Higher Education: Learning from & with Each Other*, London: Kogan Page Ltd.

Brandon, Robert N. (1990), *Adaptation and Environment*, New Jersey: Princeton University Press.

Brandon, Robert N. (1996), *Concepts and Methods in Evolutionary Biology*, New York: Cambridge University Press.

Bridge, Simon and C. Hegarty (2012), 'An alternative to business planbased advice for start-ups?', *Industry and Higher Education*, **26** (6), 443-452.

Bridge, Steven and Cecilia Hegarty (2011), 'An alternative to business planbased advice for start-ups?', *Proceedings of the 34th Institute of Small Business and Entrepreneurship Conference*, Sheffield, November 9-10.

Brookfield, Stephen (1986), *Understanding and Facilitating Adult Learning*, San Francisco: Jossey-Bass.

Brookfield, Stephen (1990), *The Skillful Teacher*, San Francisco: Jossey-Bass.

Brookes, Simon and Alex Moseley (2012), 'Authentic contextual games for learning', in Nicola Whitton and Alex Moseley (eds), *Using Games to Enhance Learning and Teaching: A Beginner's Guide*, London: Routledge.

Bruyat, Chirstin and Pierre-Andre Julien (2001), 'Defining the field of research in entrepreneurship', *Journal of Business Venturing*, **16**, 165-80.

Bygrave, William (2010), *Personal Communications*, 6th August 2010.

Carroll, Lewis (1869), *Alice in Wonderland*, London: MacMillan and Co.

Castaneda, Carlos (1968), *The Teachings of Don Juan*: A *Yaqui Way of Knowledge*, New York: Ballantine Books.

Christensen, Clayton, Curtis W. Johnson and Michael B. Horn (2008), *Disrupting Class*, New York: McGraw-Hill.

Cranton, Patricia (1994), *Understanding and Promoting Transformative Learning*, San Francisco: Jossey-Bass.

Dewey, John (1933), *How We Think*, Boston: D.C. Heath & Co.

Doren, Mark Van, 'BrainyQuote', http://www.brainyquote.com/quotes/quotes/m/markvendor108042.html (accessed 10 October 2013).

Drago-Severson, Eleanor (2009), *Leading Adult Learning*, London: Sage.

Dweck, Carol S. (2006), *How We Can Learn to Fulfill Our Potential*,

New York: Ballantine Books.

Emerson, Ralph W. (1904), *The Works of Ralph Waldo Emerson*, London: George Bell.

Fayolle, Alain (2007a), *Handbook of Research in Entrepreneurship Education*, Volume 1, Cheltenham, UK · Northampton, MA, USA: Edward Elgar.

Fayolle, Alain (2007b), *Handbook of Research in Entrepreneurship Education*, Volume 2, Cheltenham, UK · Northampton, MA, USA: Edward Elgar.

Fayolle, Alain (2010), *Handbook of Research in Entrepreneurship Education*, Volume 3, Cheltenham, UK · Northampton, MA, USA: Edward Elgar.

Freire, Paulo (1974), *Pedagogy of the Oppressed*, New York: Seabury Press.

Gardner, Howard (1993), *Multiple Intelligences: The Theory in Practice*, New York: Basic Books.

Gibb, Allan (2002), 'Creating conducive environments for learning and entrepreneurship: Living with, dealing with, creating and enjoying uncertainty and complexity', *Industry & Higher Education*, **16** (3), 135-48.

Gladwell, Malcolm (2002), *The Tipping Point*, New York: Little, Brown and Company.

Guillebeau, Chris (2012), *The $100 Startup*, London: MacMillan.

Hannan, Michael T. and John Freeman (1977), 'The population ecology of organizations', *American Journal of Sociology*, **82** (5), 929-64.

Hart, Tobin (2001), *From Information to Transformation*, New York: Peter Lang.

Haskell, Edward F. (1949), 'A clarification of social science', *Main Currents in Modern Thought*, **7**, 45-51.

Heath, Roy (1964), *The Reasonable Adventurer*, Pittsburgh: University of Pittsburgh Press.

Hisrich, Robert D., Michael P. Peters and Dean A. Shepherd (2010), *Entrepreneurship* (8th ed.), New York: McGraw-Hill Irwin.

Honig, Benson (2004), 'Entrepreneurship education: Towards a model of contingency based business planning', *Academy of Management Learning and Education*, **3** (3), 258-273.

Hornak, Anne M. and A. M. Ortiz (2004), 'Promoting self-authorship through an interdisciplinary writing curriculum', in Marcia Baxter-Magolda and P. M. King (eds), *Learning Partnerships*, Virginia: Stylus Publishing.

Hutchings, Pat, M. T. Huber and A. Ciccone (2011), *Scholarship of Teaching and Learning Reconsidered*, San Francisco: Jossey-Bass.

Jones, Colin (2011), *Teaching Entrepreneurship to Undergraduates*, Cheltenham, UK · Northampton, MA, USA: Edward Elgar.

Jones, Colin and H. Matlay (2011). 'Understanding the heterogeneity of entrepreneurship education: Going beyond Gartner', *Education + Training*, **53** (8/9), 692-703.

Jones, Colin and Penaluna, Andy (2013), 'Moving beyond the business plan', *Education + Training*, In Press.

Jones, Colin (2007), 'Using old concepts to gain new insights: Addressing the issue of consistency', *Management Decision*, **45** (1), 29-42.

Kaufman, Josh (2012), *The Personal MBA*, New York: Portfolio Penguin.

Kegan, Robert (1982), *The Evolving Self: Problem and Process in Human Development*, Cambridge, MA: Harvard University Press.

Kegan, Robert (1994), *In Over Our Heads*, London: Harvard University Press.

Ketner, Kenneth L. (1992), *Reasoning and the Logic of Things*, London: Harvard University Press.

Klug, Beverly J. and P. T. Whitfield (2003), *Widening the Circle*, New York: Routledge.

Knowles, Malcolm S. (1980), *The Modern Practice of Adult Education: From Pedagogy to Andragogy*, Chicago: Follett Publishing.

Kuratko, Donald (2006), 'A tribute to 50 years of excellence in entrepreneurship and small business', *Journal of Small Business Management*, **44** (3), 483-492.

Lange, Julian, A. Mollov, M. Pearlmutter, S. Singh and W.D. Bygrave (2007), 'Pre-startup formal business plans and post-startup performance: A study of 116 new ventures', *Venture Capital Journal*, **9** (4), 1–20.

Lidicker, William Z. (1979), 'A clarification of interactions in ecological systems', *Bioscience*, **29**, 475-75.

MacArthur, Robert H. and Edward O. Wilson (1967), *The Theory of Island Biogeography*, New Jersey: Princeton University Press.

McKenzie, Roderick D. (1934), 'Demography, human geography, and human ecology', in Luther L. Bernard (ed), *The Fields and Methods of Sociology*, New York: Ray Lang & Richard Smith.

Mac Nally, Ralph C. (1995), *Ecological Versatility and Community Ecology*, Melbourne: Cambridge University Press.

Magnusson, Shirley, J. Krajcik and H. Borko (1999), 'Nature, sources and development of pedagogical content knowledge for science teaching', in Julie Gess-Newsome and Norman G. Lederman (eds), *Examining Pedagogical*

Content Knowledge, London: Kluwer Academic Publishers.

Merton, Thomas (1979), *Love and Living*, New York: Farrar, Straus & Giroux.

Merzenich, Michael (2009), 'Growing evidence of brain plasticity', available at: http://www.ted.com/search?cat=ss_all&q=Merzenich.

Meszaros, Peggy S. (2007), 'The journey of self-authorship: Why is it necessary?', *New Directions for Teaching and Learning*, **109**, 5-14.

Mullins, John W. and Komisar, Randy (2009), *Getting to Plan B*, Boston, MA: Harvard Business Press.

Odling-Smee, John F., Kevin N. Laland and Marcus W. Feldman (2003), *Niche Construction: The Neglected Process in Evolution*, Oxford: Princeton University Press.

Odum, Howard T. (1995), *Environmental Accounting, Emergy and Decision Making*, New York: John Wiley.

Palmer, Parker J. (1997), *The Courage to Teach: Exploring the Inner Landscape of a Teacher's Life*, San Francisco: Jossey-Bass.

Pen, Ido, T. Uller, B. Feldmeyer, A. Harts, G. M. While and E. Wapstra (2010), 'Climate driven population divergence in sex-determining systems', *Nature*, **468**, 436-39.

Penaluna, Kathryn, A. Penaluna and C. Jones (2012), 'The context of enterprise education: Insights into current practice', *Industry & Higher Education*, **26** (3), 163-75.

Penrose, Edith (1959), *The Theory of the Growth of the Firm*, New York: John Wiley and Sons.

Pittaway, Luke, P. Hannon, A. Gibb and J. Thompson (2009), 'Assessment in enterprise education', *International Journal of Entrepreneurial Behaviour and Research*, **15** (1), 71-93.

Pittaway, Luke and C. Edwards (2012), 'Assessment: Examining practice in entrepreneur ship education', *Education + Training*, **54** (8/9), 778-800.

Porter, Michael E. (1980), *Competitive Strategy*, New York: Free Press.

Porter, Michael E. (1985), *Competitive Advantage*, New York: Free Press.

Proust, Marcel, 'BrainyQuote', http://www.brainyquote.com/quotes/quotes/m/marcelprou107111.html (accessed on 10 October 2013).

QAA (2012), 'Quality Assurance Agency for Higher Education—Enterprise and entrepreneurship: A new approach to learning', available at: http://www.qaa.ac.uk/Newsroom/PressReleases/Pages/Enterprise-and-entrepreneurship-a-new-approach-to-learning.aspx (accessed 6 April 2012).

Rankin, Nicholas (2008), *Churchills' Wizards: The British Genius for Deception*, London: Faber & Faber.

Read, Stuart, Saras Sarasvathy, Nick Dew, Robert Wiltbank and AnneValerie Ohlsson (2011), *Effectual Entrepreneurship*, London: Routledge.

Ries, Eric (2011), *The Lean Startup*, New York: Crown Business.

Rumsfeld, Donald (2002), 'Rumsfeld baffles press with unknown unknowns', ABC News Online, June 7, 2002, www.abc.net.au/news/newsitems/s576186.htm.

Ruskin, John (1917), *The Stones of Venice*, London: J.M. Dent & Co.

Sarasvathy, Saras D. (2008), *Effectuation: Elements of Entrepreneurial Expertise*, Cheltenham, UK · Northampton, MA, USA: Edward Elgar.

Shane, Shane A. (2008), *The Illusions of Entrepreneurship*, London: Yale University Press.

Shulman, Lee (1986), 'Those who understand: Knowledge growth in teaching', *Educational Researcher*, **15** (2), 4-14.

Skinner, Burrhus F. (1964), 'New methods and new aims in teaching', *New Scientist*, **122**, 483-84.

Stabell, Charles B. and Øystein D. Fjeldstad (1998), 'Configuring value for competitive advantage: On chains, shops, and networks', *Strategic Management Journal*, **19** (5), 413-37.

Stevenson, Howard H., Irving H. Grousbeck, Michael J. Roberts and Amar Bhide (1999), *New Business Ventures and the Entrepreneur*, (5th ed.), McGraw-Hill.

Sumner, William G. (1902), *Earth Hunger and Other Essays*, New Haven: Yale University Press.

Taylor, Kathleen (2000), 'Teaching with developmental intention', in Jack Mezirow (ed.), *Learning as Transformation: Critical Perspectives on a Theory in Progress*, San Francisco: Jossey-Bass.

Thomas, Michael S. C. (2012), 'Brain plasticity and education', *Educational Neuroscience*, **1** (1), 143-56.

Tyler, Ralph (1949), *Basic Principles of Curriculum and Instruction*, Chicago: The University of Chicago Press.

Van Valen, Leigh (1973), 'A new evolutionary law', *Evolutionary Theory*, **1**, 1-30.

Veblen, Thorstein (1919), *The Place of Science in Modern Civilization*, New York: B. W. Huebsch.

Veblen, Thorstein (1922), *The Theory of the Leisure Class*, New York: MacMillan Company.

Walter, Gimme H. (2013), 'Autecology and the balance of nature: Ecological laws and human-induced invasions', in Klaus Rohde (ed.), *The Balance of Nature and Human Impact*, Melbourne: Cambridge University Press.

Wankel, Charles (2010), *Cutting-Edge Social Media Approaches to Business Education*, Charlotte, NC: IAP.

Whitehead, Alfred N. (1929), *The Aims of Education and Other Essays*, New York: The Free Press.

Wlodkowski, Raymond J. (1999), *Enhancing Adult Motivation to Learn*, San Francisco: Jossey-Bass.

译后记

翻译西方著作重在思想之传播，而非仅仅文字之传译，在此基础上，"标信达雅三义"乃为严复译述西方名著之基本遵循，也是本团队不辞辛苦迻译"创新创业教育译丛"的根本指导思想。

作为12本"创新创业教育译丛"最先付印的两本著作，《本科生创业教育》和《研究生创业教育》均为澳大利亚学者科林·琼斯所著。科林·琼斯目前任教于昆士兰科技大学，是具有独特的创业实践经验和丰富的教学经历的创业教育工作者。他于20世纪80年代从事金融投资业，后建立塔斯马尼亚贵宾家庭服务特许经营集团。多年积累的人生阅历使他对创业教育理论与实践具有独到见解。2000年后，科林·琼斯全身心致力于高校创业教学及研究，取得了创业学博士学位，并荣获了多个创业教学和研究方面的卓越奖项。

将《本科生创业教育》一书引进国内的想法始于2012年。我当时在香港中文大学做访问学人，针对高校创新创业教育集中进行深入研究，迫切希望看到国际同行撰写的创业教育著作。读到科林·琼斯的《本科生创业教育》，立即被他提出的以学习者为中心的教学理念深深吸引，他对于创业教育的本质、目的、价值等问题的深入思考与我产生了强烈的共鸣。访学结束后，我便开始尝试着将这本书介绍给更多的同事和学生，大家普遍反响热烈，一致觉得这本书非常"接地气"，直面创业教学中的实际问题，极具启发性和借鉴性，这些真实反馈更加坚定了我要把这本书译成中文的想法。

在此期间，我们的团队与科林·琼斯本人建立了联系。他对中国的创业教育充满兴趣，十分期待自己的著作能够早日与中国读者见面，并且希望其刚刚完成的《研究生创业教育》一书也可以由我们一并翻译成中文与中国读者见面。

《本科生创业教育》和《研究生创业教育》为姊妹篇，虽然这两本书的教育对象不同，但是教学理念一以贯之，通过不同的方法来落实；篇章结构一体同心，利用不同的思想来区分；行文表述一气呵成，划分不同的层次来深化。正是这些同中之异，使得细心的读者可以深刻地洞察到，如果说《本科生创业教育》旨在推行以学习者为中心的教学法，以便思考如何教授本科生创业教育的话，那么《研究生创业教育》则旨在明确研究生创业教育和本科生创业教育的思维差异。因此，虽然两本著作保留了相同的结构，但也敏锐地注意到了研究生和本科生的学习动机和学习过程之间存在的细微却又重要的差异。两本著作在持续讨论挑战性问题和其可能的解决方案时也都保持着各自的独特性和创新性，并且以探究问题的方式督促大家反思自己的教学实践。更为重要的是，作者通过持续深入开展国际创业教育者调查，使得两本著作得以创造性地融合了全球百余位创业教育工作者的意见，给读者以广阔的国际视野。虽然科林·琼斯本人一再强调创业教育工作者没有特殊的人生阅历要求，但是由于作者本人具有丰富的创业经历，因此，在他的著作中，读者看到的不是高深莫测的模型或理论，而是其着重讨论的创业者实际面临的最大困境，以及创业教师在教学中最为关心的问题。

两本译著的顺利面世与"创新创业教育译丛"翻译团队全体成员的热情投入、互动创造密不可分。我尤其要衷心感谢译丛主编杨晓慧教授的悉心指导和全力支持，给团队成员以强大的精神信念支撑；吴瑕、汪溢、武晓哲、常飒飒等团队核心成员协同攻关，攻克了很多语言翻译上的难题；张婧宁、曾艳、赵兴野、李思逸、于洋等同事帮助完成了大量基础性工作。

大家平日里一直是白天个别交流,晚上集中翻译,周末共同研讨,可谓焚膏继晷、夜以继日,夙夜在兹、心无旁骛,以无穷的压力和无限的快乐编织每一天的生活。我们的倾心付出和努力奋斗都源于一个共同的梦想,那就是要为中国创新创业教育事业的蓬勃发展奉献自己的全部力量。在此,我还要郑重感谢商务印书馆对译丛出版的大力支持。

王占仁

2015 年 12 月 26 日

图书在版编目（CIP）数据

研究生创业教育／（澳）科林·琼斯著；王占仁译.—北京：商务印书馆，2016
（创新创业教育译丛）
ISBN 978-7-100-12311-2

Ⅰ.①研… Ⅱ.①科…②王… Ⅲ.①研究生—职业选择—研究 Ⅳ.①G647.38

中国版本图书馆 CIP 数据核字（2016）第 139327 号

所有权利保留。
未经许可，不得以任何方式使用。

创新创业教育译丛
杨晓慧 王占仁 主编
研究生创业教育
〔澳〕科林·琼斯 著
王占仁 译
汪溢 吴瑕 武晓哲 常飒飒 校

商 务 印 书 馆 出 版
（北京王府井大街 36 号 邮政编码 100710）
商 务 印 书 馆 发 行
北京市松源印刷有限公司印刷
ISBN 978-7-100-12311-2

2016 年 6 月第 1 版　　开本 787×960　1/16
2016 年 6 月北京第 1 次印刷　印张 12 1/2
定价：36.00 元